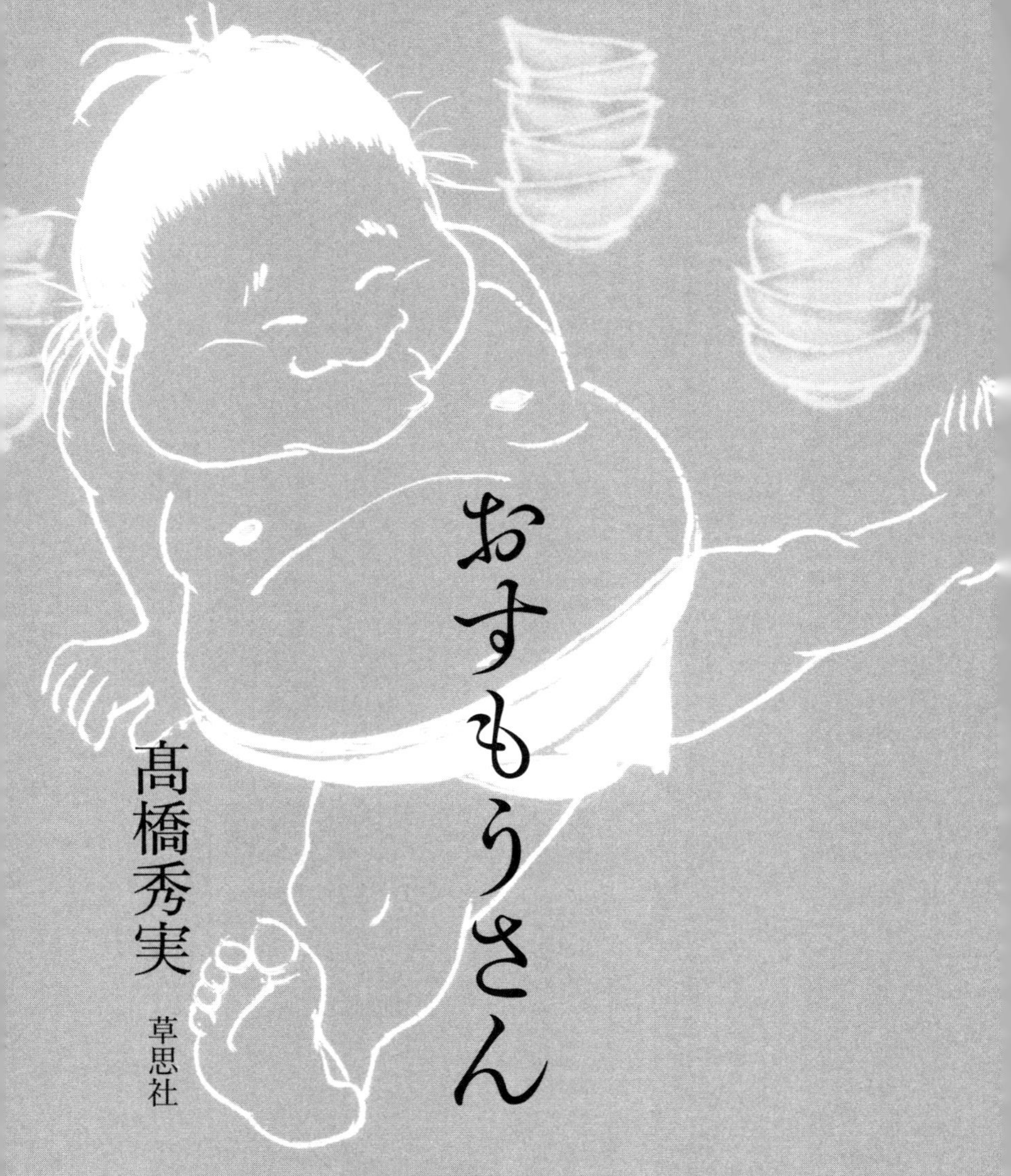

おすもうさん

髙橋秀実

草思社

名《な》も無《な》く為《しわざ》も無ければ、誰《たれ》か其《そ》の形《かたち》を知らむ。

（『古事記』新編日本古典文学全集1　小学館　平成九年）

おすもうさん◉目次

＊本文に登場する力士の四股名や番付等はすべて取材当時のものです。

序章

だんだん眠くなる

テレビで相撲を見ていると、なぜだかとても眠くなる。

つまらないというわけではない。それこそ一番一番手に汗握るように見ているのだが、それが十番ほど続くと次第に瞼が重くなり、頭もぼんやりしてきて居眠りに落ちる。「今日は結びの一番が見逃せない」などと身構えるとかえって眠気は深まるようで、目が覚めると決まって六時のニュースが流れている。外はもう夕闇。何やら一日が終わってしまったような気分になり、そのせいだろうか、相撲を見ると「相撲を見た」というより、何かをし損ねたという感覚に苛まれる。

「相撲とは、」

と書き出しただけで原稿は止まっていた。続く文言が一向に決まらず、「相撲」という文字ばかりをずっと睨んでいるうちに、「撲」のつくりの部分が魚の骨格に似ていることに気づいたく

らいである。

私は外国人向け季刊誌『にっぽにあ』（平凡社）に相撲を紹介する記事を執筆することになっていた。同誌は十三カ国語に翻訳される海外広報誌。今回は日本の伝統文化の象徴である相撲を世界中の人々に知ってもらおうという企画で、相撲好きの私が担当することになったのだが、相撲を知らない外国人にゼロから説明するとなると、何からどう説明すればよいのかわからなくなった。

相撲は格闘技ともいえるが、儀式でもある。スポーツのようだが、生活様式でもある。外国人向けなので中学生程度の日本語力でも理解できるように簡潔明瞭に説明しなくてはならず、このように「○○のようで○○のようでもある」という文章では外国人はもとより、書いている私自身もよくわからなくなってしまい、いっそのこと「相撲とは相撲である」と言いたくなるのである。

実際、私たちは相撲を取る人のことを「相撲取り」と呼ぶ。土俵から押し出すことは「押し出し」で、寄り切ることは「寄り切り」。相撲取りを土俵に呼び出す人を「呼出」というのだから、語句を説明しようとしても名詞化された動詞を動詞に戻すだけで何の説明にもならない。これが英語なら、「Oshidashi means pushing out」という具合に説明になるわけで、そうなると外国語のほうが相撲を理解しやすいという逆転現象が起こってしまうのではないだろうか。

相撲を日本語で説明するのは只事ではない。

私はひとりつぶやいた。言葉が体に張りついてくるようで距離がとれず、まさに寄り切られそうなのである。

外国人に「相撲は眠くなる」と紹介するわけにもいかないので、私は「なぜ眠くなるのか？」と考えながら、あらためてテレビの相撲中継を注視することにした。

眠気の理由はおそらく音声、その単調なリズムだろう。

「楽しみな一番です」

取組前にアナウンサーは決まってそう言う。何が楽しみなのかと画面を凝視すると、その前の取組とあまり大差はなく、そもそも全部「楽しみな一番」なので何が楽しいのかわからなくなる。そして力士がぶつかり合うと、こうアナウンスしたりする。

しぶとい花田。かいなを取った花田。手前が花田。向こう側が浜栄光。前へ出る。おっといなした。引き落とし。花田、勝って三勝一敗。敗れた浜栄光は二勝二敗です。

多少の字余りがあるが、言葉のリズムが七五調なのである。「きたのうみ・かいなをとって・したてなげ」「ちよのふじ・きあいじゅうぶん・どひょういり」という具合に。「スピーディーな」などという英語が入っていないせいだろうか、アナウンスはまるで俳句を詠むようで、内容より七五調の心地よいリズムが耳に刻まれるのだ。取組の合間にアナウンサーは、しばしばその日のそれまでの勝敗を振り返る。

司海《つかさうみ》が寄り切りで勝っています。増《ます》の海《うみ》が寄り切り。赤坂が寄り切りです。森川、寄り切り。安大ノ浪《あおのなみ》が上手出し投げ。喜田《きだ》が寄り切りで勝っています。

ほとんどが「寄り切り」で、そこにあるのはリズムを刻む上で必要な語尾の微妙な違いだけだった。そして取組が終わると、アナウンサーは「いやあ、うまかったですね」と感心する。「力強かったですね」「早かったですね」「モンゴル出身ですからね」などと言って、解説者席の親方に同意を求める。すると親方は決まってこう答える。

「うーん。そうですね」

取組後のインタビューでも力士たちはほとんどの問いに対し「そうですね」と答える。例えば、「どうでした?」「そうですね」「緊張したでしょ?」「そうですね」「でも頑張った?」「そうですね」。親方も力士も「すべてNHKの言うとおり」という姿勢らしく、やりとりまで七五調に統一されているかのようなのである。

そこで私は相撲を直《じか》に見ることにした。外国人観光客のようにまっさらな気持ちで本物の相撲を観察してみよう、と思い立ったのである。ちなみに相撲を取る場所は「場所」と呼ばれ、現在、年間六回開かれている。

一月　初場所（両国国技館）
三月　春場所（大阪府立体育会館）
五月　夏場所（両国国技館）
七月　名古屋場所（愛知県体育館）
九月　秋場所（両国国技館）
十一月　九州場所（福岡国際センター）

一年を通じて、東京（両国）から大阪、東京に戻って今度は愛知、再び東京に戻って最後は福岡という具合に、東京との往復を繰り返すのである。

ちょうど三月だったので、私は大阪市浪速区にある大阪府立体育会館に出かけた。午前八時前に体育会館の切符売り場に並んで桝席《ますせき》のチケットをひとつ取り、そのまま場内に入った。桝席とはパイプの枠で四角く仕切られた席で、板の間の上に四人分の座布団が敷いてある。本来四人で座る席なのだが、客が少ないのか私ひとりで占領する形となった。

取組は午前九時頃から始まる。取組開始から見る人は私を含めて五人ほどで、広い会場は相撲関係者のほうが目立った。

拍子木が鳴り響き、私は居住まいを正した。

会場の中心には円い土俵がただひとつ。土俵の上には天井から二本のワイヤーロープで吊り下げられた重さ六トンの「吊り屋根」が設けられている。天照大御神を祀る伊勢神宮に倣ったという神明造り。つまり土俵は神殿に見立てられているのだ。そして屋根には「水引幕」と呼ばれる紫色の幕が張り巡らされている。「水」は不浄の塵を祓うとされており、それを北から東、南、西の順に張り巡らすことで、土俵を清めているのである。

階級の最も低い「序ノ口」の力士たちから順々に土俵に上がっていく。私は身を乗り出して一番一番注視したのだが、続けて見ているうちに取組がいつ始まっていつ終わったのかわからなくなってきた。まず扇子を持った「呼出」が力士の名前を呼び上げる。東と西から力士が土俵に入り、四股を踏んで、相撲を取る。片方が押してもう片方が土俵から出る。決まり手としては「寄り切り」になるのだろうが、相手がこらえるのを無理に寄るから「寄り切り」のはずなのに、こらえる様子はなく、寄られたら寄られたまま出ていく感じである。勝負がつくと礼をして次の力士が土俵に入り、また同じことを繰り返す。継ぎ目なくつながる流れ作業のようで、やがて私は取組より自分の足の痺れのほうが気になり、まず胡坐をかいた。すると今度はお尻が痛くなってきたので、片膝を立てる。そうすると立てたほうと反対側のお尻ばかりが痛くなるので、交互に片膝を立てて痛みを拡散させたりしているうちに何やら膝が痛くなり、試みに隣の座布団も使って寝そべってみると頭にパイプが当たる。広いようで狭い桝席。このままでは相撲より自身の安定した体勢づくりに専念してしまいそうなので、私は切符売り場で受け取った「星取表」に取組の結果を逐一記入することにした。勝った力士に○、負けた力士に●。しかし前の取組を記入しているうちに次の取組が終わったりするので記入作業がせわしなくなり、相撲を見るヒマがなくなる。場内に流れる「ただいまの決まり手は寄り切り。寄り切って安馬《あま》の勝ち」というアナウンスを聞いて、「あっ間違えた」と星取表を修正したりしていると、そもそも何のために現地に来たのかわからなくなった。

勝敗はどちらでもよい。

私はあきらめ、再び土俵を見つめた。

勝敗を無視すると、印象的なのは取組よりそのまわりで掃き掃除している「呼出」たちの姿だった。彼らはゆったりと箒を左右に振って掃除をする。いよいよ「制限時間いっぱい」と緊迫感が張り詰める状況でも、彼らは私の目の前で、私の目線を遮るような位置で掃除している。邪魔といえば邪魔なのだが、その悠然とした佇まいに私は目を奪われた。やがて四方八方から呼出が現れて総勢十二人がかりで土俵を掃き、掃き残しが気になるのか土俵下から箒を伸ばす人まで現れ、その動きを注視していると力士が邪魔に思えてくるほどである。

いつの間にか観客は増えており、あたりはざわめいていた。取組には懸賞金がかかり、色鮮やかな懸賞旗が土俵のまわりを回る。回りながら各社の宣伝文句が場内にアナウンスされた。「資産安心、三菱の金、千両箱は三菱の金、金といえば三菱の金」「いつもまじめな関彰商事《せきしょう》」「四人揃えば割引ゴルフ、千葉よみうり」「ブログやるならアメーバブログ」など、これまたすべて七五調に整えられている。そのリズムと「呼出」たちのゆったりした箒の動きに誘導されるように、やはり私は眠くなってきた。まわりを見渡すと桝席の客たちも土俵に背を向けてお弁当などをひろげ、相撲というより花見に来ているような様相で、結びの一番の頃には私も夢かうつつかわからなくなり、気がつくと取組はすべて終了していた。

朝の九時から九時間にもわたって私は何を見たのだろうか。

最後に力士がひとりで土俵に上がって弓取式《ゆみとりしき》。しばらく席についたままぼんやり土俵を眺めていると、場内にアナウンスが流れた。

「これより場内一斉の清掃に入ります」

もしかすると最初から掃除が目的だったのではないか。

と私は思った。これまでも土俵を掃除してきたが、これからがいよいよ本番。力士も客もいなくなってからが勝負ということなのだろうか。

いずれにせよ、私は子供の頃から友達と相撲を取ったり、テレビで旭国などを応援したりして相撲に馴染んできたつもりだったが、実は相撲について何も知らないということに今さらながら気がついたのであった。

第一章 気がついたらここにいた

場所だけが相撲ではない。日々の稽古《けいこ》こそ、「相撲道」(The way of Sumo) の現場といえるので、私は埼玉県草加市にある追手風《おいてかぜ》部屋を訪れてみることにした。

谷塚駅から徒歩約二十分。住宅街の中にポツンと追手風部屋は建っていた。古い日本家屋のような門構えを想像していたのだが、行ってみると瀟洒な低層マンションのような佇まい。三階建ての一階が稽古場で、二階、三階が力士たちの宿舎になっているらしい。

重い扉を開けて稽古場に入ると、十二畳ほどの板の間があり、その向こうに土が敷き詰められた空間がひろがっている。そして中央には円い土俵がひとつ。小さい俵が円形状に土に埋め込まれている。

これは何だ……。

私は思わず息をのんだ。日本人の私にとって土俵は馴染み深いものだったはずだが、あらため

て目の前にすると実に異様な光景である。部屋の中にどかんと巨大な円。その圧倒的な存在感。円しかないのに何かがある。円で囲まれることで、円の中の「何もない」凄味のようなものがひしひしと伝わってくる。近くでじっと見つめていると一種の幻覚に襲われそうで、英語でいうなら「The Japanese wired circle」と形容したいくらいだ。

土俵は「日本相撲協会寄附行為施行細則　附属規定」の「土俵規定」によって、大きさ（直径四・五五メートル）、埋め込む小俵の数（計二十個）、さらには敷き詰め方（六分を土中に埋め、四分を地上に出す）まで細かく定められている。そして小俵のことも「土俵」と呼び、「土俵をもって作られているので、相撲競技における競技場を土俵という」（「土俵規定」前文）。つまり土俵で円い土俵をつくり、円い土俵があるから相撲をする場所全体も土俵と呼ぶ。要するに部屋の中は全部土俵で、どれが土俵なのか示せないのである。

円い土俵の中央には、小山のように砂が積まれ、そこに一本の木片が差し込まれていた。木片には神棚に飾るような稲妻形の白い紙がひらひらとぶら下がっている。その位置といい、形といい、相撲の中心となる「何か」に違いなかった。

——あれは何ですか？

私がたずねると、力士の若猛《わかたけ》がきょとんとした顔で首を傾げた。

「何なんでしょうね」

——何なんでしょうか？

「さあ」

若猛は身長一九一センチ、体重一二一キロ。力士と聞くと、ぶよぶよな体を想像しがちだが、その体は内側から張り出すようにぱんぱんで、思わず「何なんでしょうかじゃないだろう」と叩いてみたい衝動に駆られる。頭には丁髷《ちょんまげ》。力士たちは明治維新の断髪令を逃れ、今日もなお丁髷を結っている。何のために結っているのかわからないが、彼らはいつもこのヘアスタイルでコンビニへ買い物に行ったり、電車に乗ったりしているのである。

私は再び、ひらひらを指差してたずねた。

――何か、神聖なものじゃないんですか?

「はあ、そうですね」

若猛はおもむろに立ち上がり、隣にいた青風《せいふう》たちに訊いた。

「これ、何?」

「さあ」

「お前、知ってる?」「さあ」「お前は?」「さあ」……丁髷を揺らしながら、彼らは揃って首を振った。

「なんか、清めるもんじゃないの」

大翔鶴《だいしょうかく》が答えた。おそらくそうである。

「これは御幣《ごへい》ですよ」

板の間中央に座っていた追手風親方が答えた。彼は座っても立っても大きな立方体のような佇まいである。元前頭二枚目、大翔山《だいしょうやま》。現役引退後、安永二年（一七七三年）に興された年寄名跡の「追手風」を襲名継承し、平成十年にこの部屋を開いた。

——どういう意味なんでしょうか？

「意味？」

私を睨む追手風親方。

——その、御幣の意味です。

「御幣の何？」

——いや、ですから、意味です。

「言葉の意味？」

御幣の意味と「御幣」という言葉の意味は微妙に違うような気がしたが、結果的には同じことだろうと私が「そうです」とうなずくと、親方はこう答えた。

「言葉の意味なんてわかりません」

財団法人日本相撲協会監修の『相撲大事典』（金指基著　現代書館　平成十四年）によると、「御幣」とは「裂いた麻や紙垂《しで》を棒に挟んで垂らしたもの」とある。これは意味というより素材と形状だろう。そこで『日本国語大辞典』（小学館　昭和四十九年）を引いてみると、御幣の「御」が敬称だということはわかったが、その意味は「神前に供えたり、神主が祓《はら》いの時に用いる」としかなかった。これも意味というより使用法にすぎず、察するに、御幣は御幣として使うから「御幣」なのである。

稽古は早朝六時に始まった。まず、若猛など若い衆（幕下以下の力士のこと）たちが、おもむろに木の柱に向かって鉄砲（突く練習のこと）をしたり、四股《しこ》を踏んだり、「すり足」で土俵上を行ったり来たりする。

一種の準備運動なのかと眺めていると、誰が合図するわけでもなく、番付の下の者から土俵に入って相撲を取り始めた。相手を土俵の外に出すなり、投げるなりして、どちらかが勝つ。すると勝った者のところに、他の力士が体を寄せるようにして群がり、その中からひとりが選ばれてまた相撲を取る。これを「申し合い稽古」と呼ぶらしい。選ぶことを「買う」、選ばれることを「売れる」といい、売買が成立すると取組になるわけだが、先着順というわけでもなく、やる気順というわけでもない。そもそも順番ではなく、その場の空気、いわば「あ、うんの呼吸」で選ばれているらしい。そして「申し合い稽古」の合い間に「ぶつかり稽古」がある。相手に向かって何度もぶつかり、土俵の外まで押し出してゆくのだ。通常のスポーツならトレーニングメニューというものがあり、「次は○○」という段取りがあるが、相撲は号令ひとつなく、自然に流れるように事が運んでいく。流れるように「申し合い稽古」と「ぶつかり稽古」を交互に繰り返すのである。

いずれにしても土俵はひとつ。土俵上で相撲を取るのはふたりだけで、それ以外の力士は土俵の外におり、かけ声をかけながら取組を守り立てているようで、休んでいるようでもある。追風《はやて》藤《ふじ》などは最初からずっとぼんやりしており、時折、肩にタオルをかけたり、先輩に水を運んだりして、時を持て余すように過ごしていた。彼らは「ゼイゼイ、ハアハア」と息遣いは大変荒く、体や廻しをパンパン叩いて音だけは威勢がよい。しかし、よく見ると流れの中で体をゆらゆらさせ、ただ何かを待っているようだった。

「見ているだけでも疲れるんです」

追風藤が解説してくれた。確かに私も体を動かしていないのに、さっきからじんわりと疲れた気がする。

――なぜ、なんでしょうか？

「雰囲気に呑まれてしまうんです。だから、休んでいる気がしないんです」

――休んでいる気がしない？

「そう、す」

――今日はお休みなんですか？

彼は汗ひとつかいていなかった。

「いや、見るのも稽古なんです」

この空気に毎日身を晒すことが稽古なのだろうか。

「すいません、すいません」

と謝る声が聞こえ、何が起きたのかと土俵を見ると、若猛が相手の大翔馬《だいしょうま》に謝りながらぶつかっていた。自分からぶつかっておきながら謝るのもヘンである。そもそもぶつかるのがぶつかり稽古だろう。

「なんで、謝るの?」

すかさず追手風親方が若猛に訊いた。

「すいません」

若猛が申し訳なさそうに答える。

「なんで謝る?」

問い詰める親方。

「いや、今、ぶつかりそうで……」

相撲はぶつかり合うものではないのか。

「遠慮してるの?」

親方がたずねると、首を振って照れる若猛。

「遠慮しなくていいから」

うなずく若猛。

「思い切りいっても怒られないから」

「………」

「怒らないから大丈夫だから」

「はい、すいません」

若猛は序二段の西四十四枚目だった。相撲の番付は下から、序ノ口、序二段、三段目、幕下(ここまでが「若い衆」と呼ばれ、給料はなく、場所ごとに手当を受け取る身分)、そして十両、前頭、小結、関脇、大関、横綱と上がっていく。大翔馬は幕下東二十一枚目なので、若猛のほうが格下。加えて、相撲の世界では「兄弟」という関係がある。入門が一日でも早いほうが兄弟子で、後から入門した者が弟弟子。若猛は格下で弟弟子なので、日常生活では遠慮しなければならないのだが、土俵の上でも遠慮しているようである。

「まだ遠慮してるぞ！　遠慮すんな！」

親方が叫ぶと、若猛が頭から大翔馬に突っ込んだ。ズンと鈍い音がして突っ込んだほうの若猛が頭を抱えてひとり踊るように一回転した。完全な頭突き。彼の目は朦朧としており、軽い脳震盪を起こしたようだった。

——遠慮しているんですか？

土俵脇に退いた若猛に私はたずねた。

「わかんない、す」

——大丈夫？

「こわい、す」

正面からぶつかるのが、こわいという。正面からぶつかるのが相撲だと思っていたが、実はそれが難関らしい。若猛が続けた。

「自分は、自分の相撲ができてないんです」

——自分の相撲、とは何ですか？

「突き、押し、突っ張りです」

彼はきっぱり答えた。相撲の取り口を大きく分けると、「突く相撲」と「組む相撲」に分類される。相手を突いて土俵の外に突き出していくタイプと、廻しを取って投げるタイプ。若猛は前者が「自分の相撲」らしい。

「自分は、最初は組む相撲だったんです。でも組んでも、力が入らなかったんです」

——なんで？

「こわい、す」

組むと膝に力が入る。膝のケガを抱えている若猛には、これがこわいのであった。

——だから、突き押しなんですね。

「でも、手が伸びない、す」

——なんで？

「思いっ切り、当たってないからです」

——当たればいいんじゃないですか？

「当たりが弱い、す」

——なんで、ですか？

「わかんない、す。ぶつかると、首も痛いし、頭も痛いし……」

——痛いから当たれないんだ。

「痛い、す。くらっとします」

彼は愛知県名古屋市の出身だった。中学を卒業してすぐ追手風部屋に入門した。

——そもそもなんで、相撲取りになろうと思ったんですか？

やる気というものがあまり感じられなかったので、思わず私はたずねた。

「相撲は興味なかった、す」

——興味ないのに、入門したわけですか？

「そう、す。自分は勉強が嫌いで、体がデカかったから、す」

彼は中学校時代に一八八センチで一三〇キロの巨体だった。他の力士たちにもたずねてみると、ほとんどが同じように「頭が悪くて、体がデカい」から相撲取りになったと答えた。素質があったからだと言っているようでもあるが、他に能がないからと卑下しているようでもある。聞けば、自らの意志で相撲取りになった力士などほとんどいないそうで、入門動機のアンケートなどを取ると、「周囲の勧め（気持ちが傾いて）」が四〇パーセント、「周囲の勧め（初めは絶対イヤだった)」が二一パーセント(『決定版！　大相撲観戦道場』ベースボール・マガジン社　平成十二年)という不思議な内訳になる。いずれにしても重要なのは「周囲の勧め」ということで、親方たちは巨体の中学生がいるとの情報があると、つてを頼って全国各地へスカウトに出かける。そのために最近ではホームページなどを開設して、インターネットでも入門受付や巨体情報などを募集しているのだが、なかなか成果は出ていないらしい。

「自分もそうですよ」

隣にいた追風藤がぬっと答えた。

「気がついたらここにいた、という感じなんです」

彼は目を丸くして、床を指差した。何やら誘拐されたかのような口ぶりなのである。彼は愛知県岡崎市出身。地元の中学を卒業すると同時に同級生(追風城《はやてじょう》)と共に追手風部屋に入門した。

——気がついたら、ってどういう意味ですか？

私がたずねると、彼は私を見据えたまま答えた。

「中学二年の時に、産休で代わりの先生が来たんです。その先生が親方と知り合いで、どんどんどんどん勝手に事が進んで、自分から行動を起こす前にある程度のことは終わっちゃってるという感じだったんです」

——いやいや力士になったんですか？

「いや、そういうわけでもなくて、自分も〝人生風まかせ、成り行きまかせ〟、なるようになればいいや、と思いました」

彼は中学時代に身長一七一センチで体重が一一〇キロあったという。やはり巨体が見込まれたということなのだろうか。

——高校進学は考えなかったのですか？

「自分はおつむが悪いんで。成績もオール一ですから」

——運動は？

「運動も滅法《めっぽう》ダメです。走るのもダメで、持久走でも後ろをトボトボと走ってました」

——相撲には興味があったんですか？

「小学生の時に地元で〝ちびっこ大相撲〟というのがあって、自分はそれに出たかったんですが、親に反対されたんです。それで、いつか親の目の前で相撲を取って、一泡吹かせてやりたい、とは思っていましたね」

——その思いを今も？

「いや、今はあんまりそういうことはありません」

——ないんですか？

「ない、ですね」

何やら会話も「成り行きまかせ」のようである。彼は序二段の百十四枚目。序二段は百二十五枚目までしかないので後ろから数えたほうが早い。平成十一年に入門以来、その地位はほとんど上がっていないのである。

「やっぱり〝なるようになれ〟じゃダメなんです」

追風藤がぽつりと反省した。

——そうですよね……。

「体重がなければ勝てないままなんです。親方にもそう言われました」

——体重のせい？

「はい。自分は体重がないからぜんぜん勝てないんです」

——じゃあ、体重を増やせばいい……。

「でも増やそうと思っても、これ以上増えないんです」

中学時代は周囲に比べて巨体だったが、入門してから成長が止まり、二一歳の現在も当時と体型が変わらないらしい。増量の基本は稽古をしてたくさん食べて昼寝することとされているのだが、彼は昼寝をすると夜寝つけないということで、午後はひとりでゲームをしたり、本を読んで過ごしている。昼寝しろよと皆に指摘されても本人は意に介さず、夜眠れることが大切なのだと言い張っていた。

——でも、相撲は好きなんでしょう？

「…………」

——嫌いですか？

「なんて言えばいいのか……」

首を傾げる追風藤。しばらく待っていると、思いついたように答えた。

「稽古をこうやって外から眺めていると、みんなと一緒に相撲を取りたいと思うんです。でも中に入ってやると、なんかこう……」

土俵を見つめ、さらに首を傾げる追風藤。その恐縮した佇まいを見ていると、素人の私でも勝てそうな気がしてきた。

『日本相撲協会寄附行為施行細則』によると、力士になる資格は「義務教育を修了した二三歳未満の男子」である。部屋の親方を通じて日本相撲協会に親権者の承諾書、戸籍抄本、医師の健康診断書を提出し、その後、毎場所の一週間前に行なわれる「力士検査（新弟子検査）」を受ける。検査基準は実に単純で、

「身長一七三センチ以上、体重七五キロ以上」

である。平成十三年からは、たとえそれに満たなくても身長が一六七センチ以上で体重が六七キロ以上あり、体力テスト（背筋力、握力、垂直跳等）で一定の運動能力が認められれば力士（正式名称は「力士養成員」）になれることになった。

検査に合格すると、新弟子たちはその場所で「前相撲」を取ることになる。序ノ口の取組が始まる前に土俵のまわりに集まり、次々と相撲を取るのだ。場所の二日目から行なわれ、五日目までに三勝を挙げると「一番出世」とされる。そして五日目に兄弟子から化粧廻しを借りて土俵に

上がり、行司の次の口上とともに「新序出世披露」される。

これに控えおります、力士儀にございます。ただ今までは、番付外に取らせおきましたところ、当場所成績優秀につき、本日より番付面に差し加えおきまするあいだ、以後相変わらずごひいきお引き立てのほど、ひとえに願いあげたてまつります。

成績優秀だったので番付に載せさせていただく、ということである。しかし五日目までに三勝を挙げられなくても六日目から八日目までに三勝できれば「二番出世」で九日目に新序出世披露、それ以外は「三番出世」と呼ばれて十二日目に新序出世披露となる。要するに、たとえ全敗でも出世披露されるのである。

「自分は一番出世です」

大翔鶴《だいしょうかく》が晴れやかに言った。彼は大阪市出身。自称「しゃべりは横綱級」である。高校卒業後、大学に進学するつもりで入学金も納めていたが、三月にアルバイトをしていた相撲茶屋で親方から声をかけられて急遽入門が決まり、そのまま五月場所で前相撲を取った。

——一番出世はすごいですね。

私が感心すると、彼は微笑んだ。

「でも、自分たちは全員〝一番出世扱い〟ですから」

――一番出世扱い、ですか?
「はい。人数が少ないですから」
彼の期は十五人だった。実は一番、二番、三番と分けるのは新弟子が多い場合に限られている。三月の春場所は卒業シーズンと重なるので一時的に新弟子の数が増えるが、それ以外は十人程度で、ほとんど全員が「一番出世扱い」なのである。そういえば、以前テレビで前相撲を見たことがあるが、彼らは四股もまだ踏めないらしく、土俵上でお互いが遠慮しながら抱き合うという様相だった。「どうやって成長していくんだろうという楽しみがありますね」などとNHK(衛星第二放送の相撲中継)のアナウンサーは言うが、解説の親方たちのコメントは冷めていた。
「運動神経のいい子は、まあ、上がってきます」(高崎親方)
「光ってたりするものですか?」(アナ)
「……やっぱり、あの、違います」(親方)
「目付きなんかも違いますか?」(アナ)
「……そうですね、そうですね、はい」(親方)
気合いが入っているのはNHKのほうで、新弟子たちの目は一様に暗く曇っていた。追風藤が言うように「気がついたらここにいた」という様子なのである。
「やっぱりこわいんですよ」
大翔鶴が釈明した。相手にぶつかるのはこわい。相撲とは、そもそもこわいものらしい。

——どこが、ですか？

「例えば、顔です」

——顔？

「相手の顔を見るでしょ。それでキリッとした顔立ちだったり、自信に満ちた目をしているとビビりますね。それと耳。耳がわいていたり（内出血で腫れていること）するのは稽古している証拠ですから、これもビビる。それに相撲は裸ですから、筋肉のつき具合もすぐわかりますよね。どうしても見た目で翻弄されちゃうんですよ」

相撲はまず、お互いに睨み合う。そして「あ、うん」の呼吸で立ち上がる。これを「立ち合い」と呼ぶのだが、立ち合いとはまず外見の勝負なのである。かの花田勝（第六十六代横綱若乃花）ですら「正直に告白すると、十三年間の現役生活は、日々、恐怖心との闘いでした。『今日、オレは死ぬかもしれない』と思うと、怖くて怖くて仕方なかった」（『独白―ストロング・スピリット』文藝春秋　平成十二年）と記している。自分よりデカい相手と対戦すると「物凄い勢いで土俵に放り出されて全身を強く打ちつけたりすることまで」（同前）想像してしまうらしいのである。

「でも、自分は子供の頃から相撲が大好きなんです」

晴れやかに語り続ける大翔鶴。好きだから相撲の道を選んだのだと。

——好きなんですか？

「好きですね。観るのが」

——観るのが？

「そうです」

——取るほうはどうなんですか？

「いつも頭の中でイメージしているんです。こうやって勝つ、ああやって勝つというふうに。その、イメージすることが楽しいんです」

——それで、実際の相撲は？

「そこなんですよ」

——そこ、とは？

「自分はこう、土俵に上がると我に戻っちゃうんです」

——我に戻る？

「冷静になっちゃう。なんか自分が第三者みたいになっちゃうんです」

土俵が「我」を気づかせるのだろうか。これもまた「気がついたらここにいた」という境地なのだろうか。私が首を傾げていると大翔鶴が言った。

「やっぱり変わっていますかね。自分たち」

——変わっているといえば、確かに変わっていますね。

相撲取り自体がヘンなのか。それとも彼らがヘンなのか。

「この世にデブは多いですけど、相撲取りは七百人しかいませんものね」

傍らで追風藤が電卓を叩き、驚いたような声を上げた。

「一億五千人中七百人ということは、二十万人に一人ということになります」

――少なくとも統計上は変わっているといえますね。

私が同意すると、大翔鶴が微笑んだ。

「ただのデブじゃないってことです」

――ただのデブじゃない？

「はい。自分たちには丁髷というオプションも付いてますもんね」

相撲取りになってよかったと彼は感慨深げに言う。なぜ？と問うと、それまで「ただの小太りな男」だったのが、「おすもうさん」になれたからだという。彼は相撲が好きである。しかし「相撲が好き」というのは相撲用語で、「得意の組み手になっても勝負に出ず、じっくりと相撲を取ったり勝負を決めるまでの時間が長くなりがち」（前出『相撲大事典』）なことを意味しており、好きだといつまでも勝てないのだった。

ともあれ、稽古は午前十一時に終わった。NHKなどでは「毎日の厳しい稽古」などという決まり文句で語られるが、稽古は午前中のみ。目前で見ていると、私は厳しさより何やらけだるさに襲われたのであった。

第二章　大喰らいの秘密

正午が近づくと、相撲部屋にはちゃんこの匂いが立ち込める。ちゃんこ当番の若い衆が、稽古の途中で静かに台所に向かい準備を始めるのである。力士たちは稽古を終えると、番付が上の者から順番に風呂に入り、浴衣姿になって床山《とこやま》に丁髷《ちょんまげ》を結い直してもらい、身ぎれいにしてから稽古場でちゃんこを食べる。流れ作業のようなもので、食べるのも番付順。まず前頭の黒海《こっかい》が食べ、その後、追風海《はやてうみ》、濱錦《はまにしき》、大翔大《だいしょうだい》と続き、最後に若い衆たちがみんなでちゃんこを囲むという段取りだ。

「よろしければ、ご一緒にどうですか」

大翔鶴に勧められ、私もご相伴にあずかることにした。板の間に直に置かれた脚のない丸テーブル。こういうテーブルでないと太腿の太い彼らは車座になれないのだという。中央にはぐつぐつと煮立った鍋。関取（十両以上の力士のこと）たちの残り物のようにも思えるが、出汁が十分に出た後に野菜などを新たに入れるので、かえって美味しいらしい。

「一般の人は〝ちゃんこ〟と聞くと鍋のことだと思っていますが、違うんです。鍋に限らず、相撲部屋で食べる食事はすべて〝ちゃんこ〟と呼びます。カレーライスでも〝ちゃんこ〟なんです」

どんぶり飯を片手に大翔鶴が解説した。彼らは昼にちゃんこを食べ、その後三時間ほど昼寝をする。そしておもむろに起き出して部屋の掃除などを済ませ、夜七時頃に再びちゃんこを食べて寝る。ちゃんこと寝るの繰り返し。昼のちゃんこは鍋中心だが、夜のちゃんこはカレーライスになることが多いという。

――つまり、食事のことを「ちゃんこ」と呼ぶわけですね。

「そうです。〝ちゃんこ〟という名前の由来にはいろんな説があります。中国語で鍋のことを〝チャンゴー〟という説と、〝ちゃん〟は父で〝こ〟は子、親子で食べるという説です」

かく言う大翔鶴は夜のちゃんこの後に、コンビニで弁当三個とレジの隣にある揚げ物などを買って食べるらしいが、それらは「ちゃんこ」と呼ばずに「コンビニ弁当」と呼ぶらしい。ともあれ、彼らにとって食べることは稽古のひとつだ。ちゃんこの度にどんぶり五〜六杯を平らげ、その後しっかり寝ることで体を太らせるのである。

「自分たちはずーっと、食べ続けられるんです。持久力があるんでしょうね」

自身のことながら不思議そうに大翔若《だいしょうわか》（序二段三十四枚目）がつぶやいた。彼は静岡県出身。おばさんっぽい風貌から「大家族のおかあさん」などと呼ばれている。高校時代は柔道の選手だったが、ある日、実家の寿司屋に追手風部屋後援会の人がやってきた。何しに来たのかな、と思っているうち、「気がついたら」入門することになっていたという。ちゃんこも同じように、気がついたらずーっと食べていたという感じなのだそうだ。

――ずーっと、ですか？

「はい、いつまででも。大食い選手権のような早食いはできませんけど」

先日、焼肉屋に出かけた折も、十人でご飯六升、焼肉百五十人前を食べたそうである。なぜそんなに「ずーっと」食べられるのか？　と首を傾げると、兄弟子の大翔馬《だいしょうま》（幕下東二十一枚目）がそのコツを教えてくれた。

「食べているうちに、さすがに喉元まで食べた物がきます」

――喉元まで？

「そしたら、どこか一点《いってん》を見つめるんです」

――一点？

「例えば、そこにあるペットボトルのキャップとか。じっと見つめていれば、大丈夫なんです」

大翔馬が風船のような体をのけぞらせ、後ろ手に板の間をおさえながら目線を定めた。確かにそうすると姿勢が固定される。この状態で順次消化されるのを待つということか。

「この前、こうやってじっとしていたら、後援会の人がやってきて、寿司を一桶差し入れてくれました。もちろん断るわけにはいかないので、ちゃんと食べました。ところが、その後トイレに行きたくなって、思わず立ち上がっちゃったんです」

——目線がずれたんですね。

「そうです。そのままドアまで歩いていったんですが、そこで噴水のようにゲロを吐きました。その勢いでドアが開きましたよ」

ドアが開くほどの胃圧なのである。

——よくそこまで食べられますね。

私が感心すると、講釈好きの大翔鶴が隣ではにかんだ。

「ふつうは腹いっぱいになると終わりでしょ。でも自分らはそこから食べられるんです。一般の人と違って」

——どこが違うんですか?

「ちょっとでも圧があれば食えるんです」

——圧?

「例えば、その場に親方や後援会の人とかいれば食えますね」

つまり、「食べなくてはいけない」という圧迫感、プレッシャーということである。

「自分たちは外で食べる機会も多いんです。すると、どの店でも『おすもうさんだから食べる』ということで、頼んでもいないのに必ず大盛りにしてくれます。おすもうさんのイメージで大増量してくれるんです。相撲取りとして期待するんですね。そうしたら期待に応えたいじゃないですか。残したら失礼じゃないですか。そういうことをずーっとしているうちに、無理がきくようになってくるんですよ」

ちなみにすでに引退した親方でさえ、後援者に呼ばれると「食いたいか？」といまだに言われ、そう言われると「はい、食いたいです」と答えるしかなく、その結果体重が今も維持されている。付き合いを大切にすると、一日七食になることもあるらしい。彼らは自分の意志で太るというより、人々の期待に応えているうちに肥大化していくのである。

「自分たちはビルみたいなものですから」

大翔鶴が続けた。

——ビル？

「そうです。町を歩いていると、『あっ、これ』とか言って目の前で指差されますから」

——これ、ですか……。

「まるで建物でしょ」

近づいてじろじろ見られるのは当たり前。中にはいきなり体を叩く人もいるし、「モンゴルに負けたらいかん！」と叱られることもある。勝手に写真を撮られた後、「朝青龍？」などと訊かれ、「違います」と答えると、「じゃ、武蔵丸？」と言われたこともある。確かに私も電車などで相撲取りを見かけると、思わず見つめてしまう。誰なのかというより、相撲取りであることをしげしげと確認したくなるのである。

——腹が立ちませんか？

大翔鶴にたずねると、彼は苦笑して答えた。

「別に立ちません」

——なんで？

「なんでって、自分たちはおすもうさんですから」

きっと彼らは相撲取りとして見られることで、相撲取りになっていくのである。


果たしてこれは本当に日本の伝統文化なのだろうか？

ちゃんこを食べながら、私は考えた。日本で「伝統文化」といえば「侘び」「寂び」「渋み」というように質素な雰囲気が漂う。「武士は食わねど高楊枝」などと食事より矜持や誇りを重んじそうなものだが、相撲はどちらかといえば「食っちゃ寝」に近い。肉体的にも無駄を削ぎ落とすより贅を身につけるわけで、あまり伝統文化っぽくない。あくまでイメージの問題にすぎないのだが、外国人に説明するにはイメージを統一しておきたい。

財団法人日本相撲協会相撲教習所の教科書『相撲の歴史』（竹内誠著　平成五年）によると、相撲の起源は神代、つまり神の世にまで遡るらしい。同書にはこうある。

『古事記』によれば、天照大神《あまてらすおおみかみ》は出雲国を支配していた大国主命《おおくにぬしのみこと》に、出雲国を譲るよう使者を遣わした。大国主命の子の建御名方神《たけみなかたのかみ》は、使者の建御雷神《たけみかずちのかみ》に対し、〝力くらべ〟によって事を決しようと申し出た。そこで二人の神は、出雲国伊那佐の小浜で相撲を取り、建御雷神が勝ったので、平和裡に国譲りが行われた、というのである。

この神話は、重要なことを決めるにあたり、相撲を取ることによって神の意志がどちらにあるかを知ろうとしたこと、つまり相撲の起こりは神事にあり、神占いと深い関係があったことを物語っている。

いわゆる「出雲の国譲り」の神話が相撲の起源を伝えているという。国を左右する重要な案件を相撲で決めたということなのだが、実際に『古事記』を読んでみると、話はそれほど単純ではなかった。

まず天照大御神が出雲の国を平定すべく、他の神々にこう問う。

「何《いづ》れの神を使《つか》はしてか言趣《ことむ》けむ（どの神を派遣して服従させるべきか）」（『古事記』新編日本古典文学全集1　小学館　平成九年　以下同）

そして話し合いの結果、天菩比神《あめのほひのかみ》を派遣することにした。しかし天菩比神はすぐに出雲の国を支配する大国主神に媚びてしまい帰ってこない。そこで天照大御神らは再び神々を集め、「何れの神を使《つか》はさば、吉《よ》けむ」と相談すると天若日子《あめのわかひこ》がよいでしょう、という意見が出たので、天若日子を派遣するが、彼はあろうことか大国主神の娘と結婚してしまった。神々の中から、天若日子を問い質すべきだという意見が出て、今度は鳴女《なきめ》という雉《きじ》が出雲の国に送り込まれる。ところが彼女が現地に到着して、言われたとおりに天若日子に問い質すと、ある者が天若日子に「此の鳥は、其の鳴く音甚悪し《おといと》。故《かれ》、射殺《いころ》すべし（この鳥は鳴き声が悪いから殺してしまいなさい）」と進言し、天若日子は鳴女を矢で射殺する。するとなぜかその矢は鳴女を貫通して天にいる天照大御神の元にまで届き、これはどういうことかと矢を射返してやると、それが寝ていた天若日子の胸に当たり、彼は死んでしまう。

「亦《また》、曷《いず》れの神を遣《つかは》さば、吉《よ》けむ（では、どの神を派遣したらよいのだろうか）」

天照大御神は再び問うて、神々はまた話し合う。そして今度は建御雷神が選ばれる。彼は大国主神に直接会って、「汝が心は、奈何《いか》に」とたずねた。すると大国主神は、私には申し上げられません、我が子の八重言代主神《やえことしろぬしのかみ》が申すでしょう、と答える。そこで建御雷神が八重言代主神にたずねると、国を差し上げます、と即答。建御雷神はこれでOKと思い、再び大国主神に確認しようとする。すると大国主神は、実は我が子はもう一人、建御名方神《たけみなかたのかみ》がいる、と言う。そもそも言代主神とはその名前のとおり、神託を伝える神で、それが「よい」と言っているのだから受諾と考えて当然なのだが、今度は建御名方神に決断を委ねられた。仕方なく建御雷神が建御名方神を訪ねると「然《しか》らば、力競《ちからくら》べを為《せ》むと欲《おも》ふ」と言われ、結局、ふたりは海岸で対決することになった——。

これが「出雲の国譲り」のあらすじ。全体の文脈を読んでみると、『相撲の歴史』に書かれていたように「相撲を取ることによって神の意志がどちらにあるかを知ろうとした」のではなく、どの神も意志がはっきりせず、みんなで責任転嫁をした末に結局、最後は「力競べ」で決着をつけるしかなかったという情けない物語なのである。

『相撲の歴史』によると、「力競べ」は「人間の本能的なもの」とされている。しかし『古事記』に描かれているのは、闘う本能というより、闘わされる運命。支配者たちの意志が薄弱だと、使われる側が命がけの勝負をさせられるという訓話のようなのである。

実際、追手風部屋の力士たちを見ても、本能で闘っているようには思えない。親方ですらこう言っていた。

「本番前は、こわくて支度部屋でえずくんですよ。みんなそうだし、自分もそうでした」

「えずく」とは吐き気をもよおすこと。力士たちは土俵に上がる前に恐怖と緊張のあまり、みんな「うえっ」と吐く。本能で闘うというより、本能に逆らって闘わされているようなのだ。ともあれ、この「出雲の国譲り」物語が相撲の起源であるならば、元来、相撲は取るものではなく、取らされるものと考えるべきではないだろうか。

『相撲の歴史』には一切触れられていないが、実際に「相撲」という言葉が文献上初めて登場するのは、『古事記』とほぼ同時期に記されたとされる『日本書紀』の雄略天皇の巻だった。そして記録として読んでみると、『古事記』よりこちらのほうがリアルなのである。

雄略天皇は「誤《あやま》りて人を殺したまふこと衆《おほ》し。天下《あめのした》、誹謗《そし》りて言《まを》さく、『大《はなは》だ悪《あ》しくまします天皇なり』とまをす（誤って人を殺すことが多かった。人々からは大悪の天皇だと言われていた）」（『日本書紀』② 新編日本古典文学全集3 小学館 平成八年 以下同）と形容されるような残忍な天皇だったらしい。雄略十三年（西暦四六九年）の九月、天皇は木工《こだくみ》猪名《いな》部真根《べのまね》の仕事場に出向いた。真根は刃を損なうことのない木工名人。そこで天皇が「恒《つね》に誤りて石に中《あ》てじや（誤って石に当てることは一度もないのか?）」とたずねると、彼は「竟《つひ》に誤らじ（決して誤ることはありません）」と答えた。そこで天皇は一計を案じる。

乃《すなは》ち采女《うねめ》を喚集《めしつど》へて、衣裙《きぬも》を脱《ぬ》きて犢鼻《たふさき》を著《つ》け、露所《あらはなるところ》に相撲《すまひ》とらしむ。是《ここ》に真根、暫停《しばしや》め仰ぎ視て斲《けづ》る。不覚《おもほえ》ずして、手誤《てあやま》ち刃を傷《そこな》ふ。（同前）

天皇は真根の前で、采女（宮仕えをする女性）を集め、服を脱がし、ふんどしをつけさせ、よく見える所で「相撲」を取らせたのである。真根は手を止め、それに見とれたまま木を削った。そして思わず誤って刃を傷つけてしまった。それ見たことか、と言わんばかりに天皇はその場で彼を死刑に処することに決めた――。

真根のミスを誘うために、天皇は女性たちを裸にして「相撲」を取らせたのである。

今日、大相撲の土俵は女人禁制だが、記録上、最初に「相撲」を取らされたのは女性だった。

これを相撲の起源とするなら、相撲は取る人の闘争本能などではなく、「思わず見てしまう」という見る側の本能こそがその原点ということにならないだろうか。ちょうど私たちが力士たちを「ビル」のように見てしまうように。

「おかわり、いかがですか？」

どんぶりのご飯が減ってくると、ちゃんこ当番の追風藤が私に声をかけた。「もう、満腹です」と遠慮すると、彼が続けた。

「ご飯をよそう時、一回でよそってはいけないんです。必ず二回でよそわないといけないんです」

何やら意味ありげである。

――なぜですか？

「仏壇にご飯をお供えする時は、一回でよそいますよね。それとは違うということなんです」

――仏様ではないから、二回でよそうんですか……。

「そういうことにしてるんです」

――そういうことに？

「はい」

――親方にそう教えられたんですか？

「いいえ」

――じゃあ誰に教わったんですか?

「いや、自分が考えたんです」

――追風藤さん自身が、ですか?

「そうです」

――なんで、そんなことを考えたんですか?

「みんなに訊かれるからです。なんでそうするんですか? と。とにかく、僕たちはいろいろ訊かれるんですよ。いちいち『なんでそうするのか?』と。仏壇は一回だから、ここでは二回。そう言えば、大抵は納得してもらえるんです」

追風藤はぎょろりとした目で私を見つめた。彼らは見られるから食べ、訊かれるから意味もつくり出すのだろうか。隣の大翔鶴がこう言って笑った。

「相撲には、自分たちも意味がよくわからないことがたくさんあるんですよ」

例えば、彼らは廻しを洗うことを禁じられている。不潔なのはわかっているが、なぜか洗ってはいけないことになっているのである。

――理由はないんですか?

「おそらく、ないと思います。でも、そういうことって必要だと思うんです」

――意味よりも?

「だって、そういうことがないと、統制がとれないじゃないですか。たとえ意味がなくても、団体生活にはルールが必要ですから」

意味よりもルール。彼らは相撲取りとして見られるから相撲取りになり、相撲取りであるためにルールをつくるのである。

ちゃんこの湯気の向こうには、ひらひらと御幣がたなびく土俵が佇んでいた。

一点を見つめていればずーっと食べられると彼らは言っていたが、御幣を凝視しながらちゃんこをいただいていると、何やらお供え物をいただいているようで、たとえ満腹でも残してはいけないような気がした。

第三章 ふつう、す。

日本人にはあらためて説明するまでもないが、「大翔鶴」や「若猛」「追風藤」などの名前は彼らの本名ではなく「しこ名」である。本来の漢字表記は「醜名」。醜《みにく》い名前という意味なのである。『相撲大事典』（前出）によると「しこ名」とは、

大地を踏みつけて地中の邪気（醜《しこ》）を追い払う神事を行う者の名称を指したという。また、『醜』の文字には『醜い』の意味があり、『醜名』は自分の名乗りを謙遜する意味もあった。

相撲取りは地面の下にある「醜」を踏みつけて、お祓《はら》いしたのだという。今日この所作は「四股」と呼ばれているが、それは「醜」に当て字をしたものらしい。つまり相撲取りとは一種のお祓いをする人。醜を踏む人の名前が醜名なのである。

しかしなぜ、醜を追い払う人にわざわざ醜い名前を付けて「謙遜する意味」を持たせるのだろうか？

我が身に置き換えて考えてみよう。力士たちは親方の醜名から一字をもらうことも多いが、昔から「力士の出身地の山、川、海などの文字がつけられる伝統」（前出『相撲大事典』）があるらしい。私は日頃「髙橋さん」と呼ばれている。もし相撲取りになって例えば「横浜」などと醜名を付けられたとする。不思議なことに、こう呼ばれると個性が否定され、何やら我が身が土地と一体化し、人格まで埋もれてしまいそうになるので、それに抵抗すべく地面を踏みつけたくなってくるのではあるまいか。あくまで私の個人的解釈だが、地中に邪気があるからそれを踏むのではなく、醜名を付けられると地面を踏みつけたくなり、踏みつけたくなるとそこに邪気があるかのように思えてくるのではないだろうか。

外国人力士たちの活躍が目覚ましいのも、その醜名が一因かもしれない。「風斧山《かざふざん》」はカザフスタン、「露鵬《ろほう》」はロシア、「琴欧洲《ことおうしゅう》」（ブルガリア）はヨーロッパ大陸を背負っているし、「把瑠都《ばると》」はバルト海、「大露羅《おおろら》」（ロシア）に至ってはオーロラという大自然が相手である。

追手風部屋の出世頭もグルジアからやってきた黒海（東前頭二枚目）。黒海に面した土地の出身だから、そのまま「黒海」。平成十三年に入門するや否や、彼は瞬く間に日本人の兄弟子たちを追い抜き、わずか二年で十両に昇進した。

「やっぱ、カッコいいよね、俺」

黒海は土俵脇にある大きな姿見の前に立ち、自分の廻し姿をじっと見つめていた。マシュマロを思わせる色白の体に密生する胸毛。彫りの深い顔立ちに長い睫毛をしばたたかせている。ふと振り返り、流暢《りゅうちょう》な日本語でつぶやいた。

「カッコいいと思わない？」

私に訊いているのであった。

——カッコいいですよ。

「やっぱりね」

彼はグルジアでアマチュアレスリングの選手だった。ヨーロッパ選手権でも優勝経験があり、かつてはオリンピックを目指していたらしい。格闘技が盛んなグルジアではアマチュア相撲も行われている。親方の出身校である日大相撲部とも交流があり、その縁でこの部屋にスカウトされたのだそうだ。

——どうして、相撲をやろうと思ったんですか？

姿見を見つめる黒海にたずねてみた。

「レスリングには体重制度があるじゃない。自分、一三〇キロ級だった。でも制度が変わって、一三〇キロ級がなくなっちゃって一二〇キロ級が一番重くなった。自分、一三五キロあったでしょ。そしたら一二〇キロ級出れない、すよ」

――体重を減らさないといけなかった、ということですか?

「そう。でも厳しかった、やせるのが」

それまでは五キロの減量で済んだのが、一五キロの減量をしなければならなくなった。だから相撲に転向したのだと言う。確かに相撲は体重無制限である。しかしそれだけの理由でわざわざ日本に来るとは到底考えられない。

――それだけですか?

「何が?」

――なんで日本に来たんですか?

「プロになりたかった。強くなりたかった」

きっぱりと黒海は答えた。グルジアにプロスポーツはない。サッカーなどが人気スポーツだが、選手たちは外国に出てプロ選手になる。

――グルジアでは相撲をやったことがあったんですか?

「ちょっと」

――どれくらいちょっと?

「最初に廻しを締めたのは、日本に来る一週間前」

ほとんど下準備のないまま彼は入門し、たちまち関取になったのである。彼の相撲は小賢しい技を一切使わず、ひたすら突っ張って相手を土俵の外に突き飛ばす。元レスリング選手らしからぬ、技を無視した猪突猛進ぶりで、「グルジアの怪物」という異名をとるほどである。その十両昇進までの戦績を辿ってみると、序ノ口、序二段、三段目などは一～二場所であっと言う間に通過している。幕下以下は一場所に七回しか取組がない。勝ち星が同じ者が相撲を取るという、いわゆる「星の潰し合い」と呼ばれる制度で、全勝（あるいは六勝）を守った力士が優勝し、昇進する。黒海は周囲をあっさり潰して昇進していったかのようだ。

——日本の相撲界は厳しいでしょう。上下関係もあるし……。

スピード出世とはいえ、黒海は幕下で負け越し経験もある。その苦労をたずねようとすると、黒海はあっさり答えた。

「ふつう、す」

——ふつう？

外国人の彼にとって、裸で丁髷《ちょんまげ》まで結う相撲が「ふつう」なはずはない。それとも「ふつう」の使い方を間違えているのか。

——ふつうって何？

「厳しくない、す。ねっ、厳しくないよね」

黒海が付け人の大翔鶴に訊いた。「付け人」とは、関取に付いて廻しの着け外しや洗濯など身の回りの世話をする若い衆のこと。相撲のしきたり等を学ぶための一種の修業なのだが、しきたり等については黒海より付け人の大翔鶴のほうが詳しい。

大翔鶴が微笑みながらうなずいた。大翔若も大翔力《だいしょうりき》も若猛もみんなうなずいた。「厳しい」と言われれば、「どこが厳しい？」と話の糸口がつかめるが、「ふつう」では取りつく島がない。

しかし言われてみれば、確かに稽古中の黒海は「ふつう」だった。午前十時頃、やや眠そうな表情で稽古場にやってきて、まずフラフープのようにゆっくりと腰をくねらす。太ったおばさんの美容体操のようで、いつまでやっているのか？　と目を凝らして見ていると、おもむろに腕を肩越しに後ろに回して体をのけぞらせ、ミロのヴィーナスのような格好で静止する。きっと筋を伸ばすストレッチなのだろう。そしてそのまま遠くを見つめながら胸毛をいじる。痒《かゆ》みに気づいたのか、手を丁髷頭に持っていき、指を入れて掻《か》き始める。終いにはおちょぼ口を縦に伸ばし、欠伸《あくび》をしたりする。そうこうするうちに稽古の時間は終わり、厳しい稽古どころか、「けだるいひととき」という感じなのである。

――稽古の後、ひとり、どこかでトレーニングしたりするんですか？

おそるおそる黒海に問うと、

「してない、す」

あっさり否定された。食べ物の違いなど日常生活の苦労も特になかったという。しかし来日当初は日本語もできなかったのだから、苦労して当然。否、日本固有の伝統という観点からしても、外国人は相撲で苦労すべきだと私は思った。念のため、親方にも訊いてみる。

――黒海は稽古熱心ですか？

「ふつうですよ」

親方は即答した。やはり「ふつう」なのである。

――ふつうって何ですか？

「ふつうはふつうですよ」

――親方の見ていないところで、練習したりしてないですか？

「してないと思います」

――いいんですか、それで？

「やれって言ったって同じですよ。やる人はやる、やらない人はやらない。学生じゃないんですから、我々はプロなんですから」

追手風部屋の指導方針は「基本は力士をほうっておくこと」だった。「僕は怒るとこわいですよ」と親方は言うが、怒るのは年に一回ほどだという。

「相撲部屋で大切なのはコミュニケーションなんです。こいつ何かあるな、スカす（部屋を脱走すること）なと思ったら、そのポイントポイントで声をかける。これが自分のモットーです」

相撲部屋の多くは親方が竹刀を持ち、力士たちに罵声《ばせい》を浴びせかけたりするそうだが、追手風部屋は違う。親方は若い衆に、「また働いてるフリして～」とか「お前、食べてる？」「はい」「食べなければ勝てるよ」などと冗談を飛ばす。相撲の指導には「わけのわからないことを言うことも大切」らしく、若い衆たちも口を揃えて「親方はいい人です」と語るのであった。

黒海は来日当初、立ち合いで相手に正面からぶつかることができなかったらしい。睨み合って立ち上がると、すぐ身をかわそうとしてしまう。本人によれば、レスリングはまず相手と組んでからこの先どうするかと考えることができたが、相撲は考える時間がない。いきなり勝負という感覚が馴染めなかったという。

「相撲は相手をはじかなきゃいけない。これだけは教えなきゃいけなかった」

親方が解説する。

——はじく？

「そうです」

——ぶつかるのと違うんですか？

「こういう感じです」

親方はそう言って、隣の椅子に座る私に軽く体当たりをした。巨大なゴムまりが当たったようで、私はそのままふわりと椅子から転げ落ちそうになった。小突かれただけなのに、一瞬、一点にその体重が集中していたようで、私はまさに、はじかれたのだ。

——これを教えようとしたわけですか？

「そうです。でも、こっちはロシア語がわかりませんから、和露辞典で単語を指差すしかなかったんです」

日本語がほとんど通じなかった黒海とのコミュニケーションは、「これ」と「ここ」だけだったそうである。辞書片手にページをめくりながら「これ、じゃなくて、これ」と指導したらしい。それであの激しい立ち合いを覚えたのだから驚嘆するしかない。

さらに親方は黒海にやる気を出させるために番付表を見せた。「お前は今、ここ」と一番下の段を指差した。そして一番上の段に指を持ってゆきながら、「ここ、じゃなくて、ここ」と教えた。「これ」と「ここ」。要するに「相手をはじいて昇進せよ」。わずか二語の日本語指導で黒海は本当に昇進したのである。

彼の才能かもしれないが、考えてみれば相撲は相手を土俵の外に出すか倒すか、そして勝てば昇進する、という実にシンプルな世界。礼法なども人の真似をすればよいだけで、実はこの二語さえあれば相撲は取れるようになるらしく、そうなると、日本固有の伝統とは何か？　とあらためて考えざるをえなくなる。

「ものが違うんですよ」

付け人の大翔鶴が悟ったように語った。彼は黒海よりひと回り小柄。黒海を見た後に彼の姿を見ると、もちもちした肉感が和菓子を彷彿《ほうふつ》させる。

「自分たちはよく、『外国人に負けるな！』『ハングリー精神が足りない！』とか言われますが、しょうがないですよ。彼らには日本人にないスピードとパワーがあります。相撲の型がどうしたという問題じゃないんです。自分たちにもそういうものがあったらええな、とは思いますけど」

——うらやましい、ということ？

「っていうか、彼らは自分たちと違って、選ばれた人たちですからね。一緒にされても困るんです」

苦情を申し立てる大翔鶴。「ものが違う」外国人力士に勝つことは「ふつうは無理」だというのである。外国人力士は「ふつう」に勝って、日本人は「ふつう」に負ける。勝敗は分かれるが「ふつう」であることは共通しており、気がつくと番付上位陣は外国人ばかりになっているのである。

——でも、やる以上は上を目指しているでしょう？

大翔鶴にあらためて確認すると、彼は「それはそうですけど」と答えた。彼は黒海と違って相手を突けないらしい。立ち合いの際、一瞬息を止めて立つと力が込められるそうだが、彼の場合は「つい、シューシューシューと」息が漏れて気合いが抜けてしまうそうだ。ちなみに相撲の基本は「押し」といわれている。立ち上がると同時に腰を落としたまま相手を押して前に出る。『相撲大事典』（前出）によれば、「相撲界では『〝押す〟は〝忍す〟に通じる』として、『押すことは強い意志が必要。引くことは簡単。引くことを我慢して押すことに徹すれば強くなる』」。つまり彼には「押し」が欠けているのである。

——なぜできないんでしょうか？

「自分はあくまで廻しを取って相撲したいんです。廻しを取れば相撲になる。そう考えているから取れないとパニックになるんです」

——その前に突けばいいんじゃないんですか？

「たぶん、できないと思います」

——なぜ？

「自分、相手の顔をはたいたこともないんです。相撲以外でも」

——喧嘩もしたことないんですか？

「ないです。人を殴ったこともありません。自分は超平和主義者なんです」

彼は非暴力を貫いているのだった。そのせいか戦績も周囲と協調するかのようである。平成十四年の五月場所で初土俵。まず四勝三敗（幕下以下は場所の取組が七回しかない）で勝ち越して番付を上げたが、次の場所で二勝五敗と負け越して番付を元に戻した。その翌場所、再び四勝三敗で勝ち越して序二段に昇進。続いて六勝一敗で三段目まで昇進した。しかしその翌場所は二勝五敗で序二段に降格し、さらに三勝四敗、二勝五敗、三勝四敗と負け越しが続いて番付を振り出しに戻した。その翌場所は五勝二敗で持ち直したが、次は三勝四敗。七月場所で六勝一敗と大勝して再び三段目に昇進したのだが、続く九月場所で全敗してしまった。

「上がっては下がり、まるでエレベーターです」

番付をひとつのメカニズムとして考えると、彼らのこの上下運動が黒海ら外国人力士を上に押し上げているのである。

――ケガとかするんですか？

「自分はぜんぜんケガしないんですけど……」

――じゃあ、なぜなんでしょう？

「やっぱり、気持ちの問題ですかね」

――どういう？

「さあ、わからない、す」

――将来のことを考えたりしますか？　このままでいいのか、とか。

「いや考えません。考えるとややこしくなるんで。序二段のままでも大学に四年間行ったと思えばいいと思っていたんですが、もう四年になっちゃいますね」

ひとり相撲のように彼は語り、爆笑した。彼はこれまで三回「スカした」という。「スカす」とは「逃げる」という意味。部屋から脱走し、新幹線で大阪の実家に帰ってしまったのである。

――いやになったんですか？

「いや、これっていう理由はないんです。ウチの部屋はイジメとかありませんし」

――でも実家に帰るということは、辞めたいということでしょ？

「はい。でも〝どうしても辞めたい〟というんじゃないんです」

――じゃあ、何？

「あくまで〝辞めたい〟なんです」

超平和主義者である彼は「辞めたい」も平和的。ふつうに辞めたいのである。

スカして実家に帰ると、親方や兄弟子から電話が入る。そこで説得されて「逃げて辞めるのは筋が違う」と思い直し、四日後には部屋に戻る。これを二回繰り返したのだが、三回目は「やっぱりあかんな」と相撲に対して諦めを感じたらしく、実家で親方からの電話を受けた時も「辞めるなら丁髷を切らなければ」と思い詰めたそうだ。

「それで自分で丁髷をザクッと切ったんです。丁髷といっても油はつけてないし結ってもいませんから、ボサボサの長髪ですね。それを切ったら頭のてっぺんから中剃りが出てきて……」

「中剃り」とは、頭頂部から後頭部にかけた剃り込みのことである。力士は丁髷を結う際に、すべての髪を束ねて一本に縛りそれを前に垂らす。髪が多すぎるとその一本が太くなって崩れやすくなるため、中剃りを入れて髪の量を減らしているのである。

「なんかフランシスコ・ザビエルみたいな髪形になっちゃったんで、そのまま丸坊主にしました。それで自分の顔を鏡で見て〝あっ〟と思ったんです」

——「あっ」とは？

「今までそこにあったものがない、という感じです。あって当たり前だったものがなくなっている、という。それまで丁髷はずっと異物感があったんです。ドアをくぐる時やタクシーに乗る時も丁髷が当たったりするし、普段もなんか後ろから引っ張られているような感じです。でも、その異物感がなくなるとヘンなんです。おかしな譬えかもしれませんが、居て当たり前の親がいなくなった感じというんでしょうか」

消えた丁髷を取り戻すべく、彼はその四日後に部屋に復帰した。丁髷の力というべきか。おかしな話のようだが、もともと伝統というものも「気がついたら、そこにあるもの」で、「あるべきものがない」と思いたくなくて、人はそれらを守るのかもしれない。かくして大翔鶴は丁髷を取り戻し、再び「ふつう」に上下運動を続けているのだった。

――それで今は頑張っているんですね？

私がたずねると、大翔鶴はにっこりと微笑んだ。

「そう、す」

――横綱目指して……。

私がそう続けると彼は苦笑いをし、まわりの若い衆もうつむいた。何か気に障ることでも言ったかと思っていると、青風《せいふう》（序二段東二十一枚目）がこう指摘した。

「そうやって一般の人は、簡単に『横綱目指してがんばって』とか言いますよね。軽々しく言うな、と思います。横綱になるってことは野球で言うとイチローになることくらい難しいんです」

切々と訴える青風を見て、私は恐縮した。確かに横綱、朝青龍などは強すぎる。黒海にしても、あの巨体から闇雲に繰り出される突っ張りは強烈すぎる。強いほうがどうかしているのである。

青風は小学生時代から愛知県岡崎市にある少年相撲教室、青風館で相撲を習っていた。小六ですでに身長一六九センチ、体重九八キロ。英才教育を受けて育った相撲取りで、その体も筋肉質ではちきれそうなのだが、相撲は「ただ単にやらされていただけ」とのこと。取り立てて相撲が好きなわけでもなく、「他にやることがなかったんです。頭悪いし」ということで入門したらしい。

——じゃあ何が目標なんですか？

「十両です」

照れくさそうに青風が答えた。相撲界では十両以上が「資格者」と呼ばれ、月々の給料が日本相撲協会から支給される。そもそも十両とは、かつてその給金が十両だったことに由来する。

——十両ですか……。

「ほら、こうやって『夢は十両です』と言うと、質問した人は必ず、物足りない顔をするんですよ。だから言いにくいんです。でも本当のことを言えば、十両でも夢が大きすぎると思っています」

——じゃあ、本当は何に？

「三段目に上がりたいです」

——なぜ三段目に？

「雪駄が履《は》けるんです。自分たちは今、ゴム草履ですから。雪駄によく似たゴム草履もあるんですけど、裏がゴムで金具がついていないから、歩いていても音が鳴らないんです」

相撲の階級にはそれぞれ特権というものがある。例を挙げると、三段目＝雪駄が履ける。幕下

＝羽織、外套を着れる。番傘を差せる。十両＝紋付き袴を着れる。付け人がつく。序二段までは特権がなく外出時は浴衣姿でゴム草履。とても一人前には見えないのである。青風は別に有名な力士になりたいわけではない。せめて歩いている時は雪駄の音を鳴らせたいのであった。

――それはそれで厳しいんですね。

彼らの控えめな願いがわかったような気がして、私は溜め息をついた。すると隣にいた大翔力がニコニコしながら首を振った。彼は熊本出身で、すでに三段目東九十八枚目。「相撲をやる気はありませんでしたが、スカウトの人にスカウトされたので」中学卒業と同時に入門を決めたという。

「でも、一般のサラリーマンに比べると自分らは楽ですよ」

――どこが楽なんですか？

「だって、稽古は短期集中で、昼寝付きですから。自分は夜寝るより昼寝が好きなんです。昼寝は最高、す」

――相撲を辞めたいと思ったりしないんですか？

「しない、す」

――なぜ？

「だって途中で辞めたら、田舎の父親が恥かきますから。辞めるわけにはいきません」

私にとって意味深いはずの伝統文化も、彼らにとっては慎ましやかな日常のようだった。

相撲とは……、

原稿を睨みながら、私は腕組みをした。日本人にとってふつうの事である、と続けようかとも思ったが、そうなると今度は「ふつう」を説明しなければならない。

第四章

待ってもらえる事情

ＪＲ総武線両国駅に降り立つと、すぐ目の前に相撲の殿堂「国技館」が聳《そび》えていた。鉄筋コンクリート三階建てらしいが、玉虫色の巨大な日本家屋のような屋根が覆いかぶさるように載っており、見ようによってはピラミッドに似ている。

切符売り場のある正面入口から入り、国技館の建物脇をずっと奥まで進むと、突き当たりに「相撲教習所」がある。各相撲部屋に入門した力士たちは、まずここに六カ月間通い、相撲の基本を学ぶことになっている。その授業内容は、朝七時から十時まで稽古場で実技、そして十一時まで教室で学科（月＝相撲史、火＝国語、水＝社会、木＝運動医学、金＝修業心得、相撲甚句《すもうじんく》）。その後、入浴、食事を済ませて正午には解散。部屋の稽古と同じように、午前中のみのスケジュールである。

早朝六時五十分。

私は素っ裸で教室に立っていた。相撲は見ているだけでは眠くなる。実際に裸になって相撲を取ればさすがに目が覚め、さらには「相撲とはこれだ」と、答えも閃くだろうと考えたのである。教室には机と椅子が整然と並び、前には黒板、その脇には昭和天皇の「御製《ぎよせい》」が掛けられていた。

ひさしくも　みざりしすまひ　ひと〱と　手をたゝきつゝ　みるがたのしき

久しぶりに相撲を見て楽しんだ、という句か。それとも、たまに見るから相撲は楽しい、という意味だろうか。

「大丈夫ですか？」

若い衆のひとりが、バームクーヘンのようにくるくる巻かれた廻しを持って私の前に立っている。何のことを「大丈夫？」と訊かれているのかわからなかったが、とりあえず「大丈夫です」と答えた。

「廻しは、じかです」

——はい。

廻しの下に海水パンツを穿こうと用意していたのだが、やはり素肌に締めなければいけない。廻しは使い古されているようで、もともと黒かったものが白っぽく剝げている。基本的に洗ってはならないものなので、締めるにあたって多少の躊躇がある。ちなみに女性は廻しに触れてはならないらしい。

廻しは木綿（「雲斎《うんさい》木綿」と呼ばれる）で織られており、ひろげると幅約八〇センチ、長さ約九メートルにもなる。若い衆はまずこれを四つ折りにして幅を細くする。そして端から肩幅程ずつ左右の手で交互にとってゆき、指の間に挟みながらアコーデオンのように畳む。その先端を私は受け取り、廻しを跨いでくるりと回り、お尻を若い衆に向ける。そして後ろ手に廻しを引き上げて股間にぴたりと当てる。陰部に当てるので痛みを感じるかと思ったのだが、むしろふわっと温かみを覚えた。こうして廻しを固定させ、私はその場でぐるぐると回る。二重目で前に出た部分を中に折り込んで、回り続ける。若い衆が廻しを順次送り出してくれるので、それを腰に巻きつけていくのである。最後に若い衆が後ろでググッと締め上げて結べば完成だ。

巻かれた廻しは厚さ四センチ程。その重厚感に体が負けているようで、「締まる」というより「巻かれた」という印象が強い。やるぞ、という気合いより、後戻りができない緊迫感だ。

「廻しはひとりでは締められません。必ずこうやってふたりで〝締めっこ〟します。これを『廻しを申し合いする』といいます」

教習所指導委員の大山親方（元前頭二枚目、大飛《だいひ》）が解説した。優しい口調だが、近くに寄ると、寄り切られそうな威圧感がある。教習所には四人の親方が指導委員として参加している。竹の棒片手に「何やってんだお前は！」と叱責する親方たちも、さっき若い衆を相手にぐるぐると回っていた。

——これも「申し合い」なんですか？

私はたずねた。稽古のひとつにも「申し合い稽古」というものがある。勝った力士のまわりに力士たちが群がり、その中からひとりが選ばれて相撲するという形式だ。

——相撲は申し合い、がよくありますね。

「うん、そうかもしれない」

うなずく大山親方。

——そもそも「申し合い」って何ですか？

「相撲の世界には、書《しょ》というものが一切ないんです」

親方が私を見つめた。

——書いた物がない、ということですか？

「そうです。すべて口伝、言い伝えです。土俵で塩をまく、四股を踏む、口を水ですすぐ、こういう基本的なことも、どこにも書いてありません。書いてあるとしても『そういうふうにいわれている』としか書いてない。だから、『申し合い』も『申し合いといわれている』としか言いようがない」

——しかし、伝統を維持するには、書き物があったほうが守りやすいんじゃないですか？

「でも、ない」

――なぜなんでしょうか?

「当たり前のことだから、書く必要がなかったんでしょう」

親方はきっぱりと言った。

――当たり前だから、ですか?

「当たり前のことは書いてもしようがないでしょう。物事は、わからないから説明が必要になるんです。当たり前だったら、説明は要らないでしょう。例えば、四股は右からです。行司も軍配を右手で持っている。これを『なんで右?』と訊く人はいません。いるはずないんです」

――なぜ、いるはずないんですか?

「そうに決まっているからです」

相撲は、すべて「……と、されている」と決められた世界なのである。見上げると教室に掲げられている「力士修業心得」にもこう記してある。

第一条　相撲は日本の国技と称されていることを忘れないこと。

国技であることを忘れない、ではなく、国技とされていることを忘れてはならない、ということ。自らは「国技」と言っておらず、あくまでそうされているのである。ちなみに「力士修業心得」にはこうも記されている。

第三条　社会人として目立つ力士は、財団法人日本相撲協会会員であるという誇りを持って行動すること。

丁髷姿の力士は目立つ。目立ってしまうから誇りを持って行動しなければいけない、ということで、やはりまわりの視線からすべきことが確定されるのだ。

「……と、されている」からそうする。正確には「……と、されている」からそうするとされている。「されている」が重なって、合理的に考えようとすると次第に頭がぼんやりしてくるのである。

「整列！」

親方の発声で、廻し姿の力士たちが稽古場に集合し、私も最後尾について並んだ。全員がこの姿で並ぶとひとかたまりの巨大な肉のように見え、私も肉の一部としてそこにぶら下がっているような気分になった。今期の生徒数は二十二名。五月場所で入門した力士、七月場所で入門した力士、九月場所で入門した力士がそれぞれ入門と同時に入所しており、六カ月を経過すると順次卒業するというわけである。

彼らの大半が中学を卒業したばかりなので、体の大小はあれど、筋骨はまだ弱々しく、どこか眠たそうな顔をしている。

「見学です」

親方が点呼を取っていると、ひとりが答えた。

「どうした?」と親方。

「昨日病院に行ったら、二、三日、無理しないほうがいいと言われました」

「お前ね。医者の言うことがすべてじゃないんだよ。多少は無理しないと。痛みがなくなるのをずーっと待っていたら、筋肉が落ちちゃうぞ」

「はい」

そう言って彼は一歩下がり、そのまま見学した。この日は同様に三人が見学だった。相撲は「見ることも稽古」とされており、見学者のほうが妙に気合いが入っているようだ。

力士のひとりが親方に指名されて前へ出る。稽古場の神棚脇に掲げられた「指導方針」を読み上げるのである。

一、我々は力士の本分である礼儀を重んじます。
二、我々は先輩の教えを守り、稽古に精進します。
三、我々は服装を正し、体の清潔に心掛けます。

「礼儀」「精進」「清潔」。この三点を心に刻み、私たちはおもむろに後方扉に向かう。廻し姿で裸足のまま、国技館のまわりを三周走るのである。

「大丈夫、すか?」

大胸筋がくっきりと盛り上がる高橋が私に声をかけた。彼は大学の相撲部出身。見るからに強そうである。「大丈夫です」と答え、私は試みに自分の廻しを叩いた。叩き方が間違っているのだろうか、彼らのようにパンパンと音が鳴らず、大丈夫でない感じがした。

外へ出ると、柵の向こうには朝の通勤風景。通勤する人々から見れば廻し姿はおそらく奇怪だろうが、私ひとりではないので、不思議と何とも思わない。何しろここは国技館だし。

敷地内のコンクリートの上をペタペタと裸足で歩きながら、私はしばらく高橋と世間話をした。「大変ですね」と高橋。「ええ、まあ、これも仕事ですから」と私。「仕事でも大変ですね」「そちらも仕事じゃないですか」「ええ、まあ」という具合に、ほとんどオウム返しのような会話を続けながら私たちは国技館のまわりを歩いた。素人の私に無理をさせないようにとの気遣いから走らずに歩いてくれているのかと思ったのだが、前後を見ると、他の力士たちも歩いている。おしゃべりしながら肩を組んだり、体を叩き合ってじゃれ合ったり。それこそ大丈夫なのかと私は心配になったが、寒さのせいか、その光景を見ると中に入って温まりたくなってくる。肉が肉を呼ぶ、というべきか。

聞いてみると新弟子の多くは卒業シーズンの三月に入門するらしい。しかし中には五月や七月に入門する力士もおり、これはなぜなのか?　とたずねるとひとりが答えた。

「遊んでいた子や、仕事もせずにブラブラしていた子が入ってくるんです」

——それがなぜ、相撲へ？

「相撲、楽かな、と思っているんです」

彼らの考える相撲道とは、楽な道、のようなのである。

「自分、本当はアイツより兄弟子なんです」

追手風部屋の大翔龍《だいしょうりゅう》が、後ろを歩くガリガリに痩せた力士を指差して言った。

——どういうこと？

「自分も五月に入門したんです。でも、新弟子検査に落ちたんです」

現在、新弟子検査には第一次と第二次検査がある。第一次検査は身長と体重測定。一七三センチで七五キロ以上あることが合格の基準になる。大半はこれで新弟子になるのだが、基準に満たない者に対して運動能力を試す（五〇メートル走や握力測定など）第二次検査がある。彼はそれに落ちたのであった。

「検査の中に『シャトルラン』というのがあったんです。音楽が鳴っている間に二〇メートルを何回も走り切るもので、だんだん音楽が速く短くなってくる。それだけ速く走らなきゃいけないんです。それで落ちたんです」

——走るのが遅かった、ということですか？

「そうじゃないんです。テストの本番だったのに練習だと思って、練習にしては長いなと思って、途中で歩いたんです。それで不合格になりました」

親方も呆れるほど呑気だったので、結局、彼は九月まで部屋で修業して再受検。後から入門した後輩と同期になって教習所に通っているというわけである。

「でも、もう結構、慣れた、す」

にっこり微笑む大翔龍。

——何が?

「生活が。みんな優しい人ばっかりで、楽しい、すね」

彼らは本当に楽しそうなのだが、早朝の風は刺すように冷たく、私はすっかり体が冷えてもう走らずにはいられない。そして「走るんですよね? これ」と高橋に念を押し、たまらず走り始めると、重い廻しが次第にせり上がってくるような感覚に襲われた。私が走るというより、廻しが走り出すようで、私はそれについていく感じである。

「好きじゃなきゃやれない、すね」

走りながら、高橋がつぶやく。

——好きですか、相撲?

「好きじゃなきゃ、やってない、すよ」

稽古場に戻ると、私たちは再び整列して「腰落とし」に入った。腕を前で組み、腰を落として中腰の姿勢になるのである。

何もせずただ中腰でいる、というのは実につらい。列の間を親方たち、補佐のために部屋から派遣された四人の若い衆が巡回し、「も〜っと落とせ」と低い声で迫ってくる。新弟子たちが口々に漏らす「ああ」「うう」という吐息も重苦しい。親方らの目を盗んで立ち上がろうとしても、目が多すぎるので、ひたすら辛抱するよりほかにない。

「腰落とし」に続いて、「相撲基本動作」の練習。これは力士が土俵に入ってから行う一連の所作でもある。

まずは「気鎮《きしず》めの型」。腰を深く落として背筋を伸ばす。鼻から息をゆっくり吸い込んで、口から吐く。腹式呼吸で気を鎮めるのである。「蹲踞《そんきよ》」とも呼ばれる姿勢だ。

続いて「塵浄水《ちりちようず》の型」。「気鎮めの型」の姿勢のまま、頭を下げ、両腕を膝の内側でまっすぐ下ろす。そして両手を目の前で合わせ、よく揉んで柏手を打ち、そのままパッと掌を開いて、両腕を左右に大きくひろげる。ひろげ切ったら、そこで掌を下へ反《かえ》す。「塵」とは雑草や木の葉を意味する。その昔、相撲を取る前に、雑草などをむしり、揉み上げることで手を清めたらしく、これはその名残の所作だという。

ここまでは初心者の私でもついていけたが、その先は体が辛抱ならなかった。

「四股の型」。「イチ」という親方の号令で、中腰になり、体重を左足に移動する。「ニイ」と言われたら、左膝を伸ばしつつ右足を上げて静止。そして「サン」で右足を下ろす。テレビの相撲中継などでは力士が簡単にやっているように見えるが、実際はなかなか足が上がらない。というのも、「腰落とし」からほとんどずっと中腰の状態なので、もう下半身がぶるぶるして、居ても立ってもいられない。そこで無理に足を上げたりすると、支えている足がずるずると動いて安定を失うのである。

「足の指で砂を噛むんです」

峰崎《みねざき》部屋から補佐に来ている秋山（三段目）が私に教えてくれた。彼は身長一九二センチで体重一四六キロ。入門して十年になるベテランである。

——指で砂を？

「そうです」

足の指をキュッと縮めて、地面をつかむようにするのだ。かつて初代の若乃花が「足の裏に重心がある」といわれていたが、こうして四股を踏むことで地面にぴったり張りつくような安定感を得るのだ。理屈はよくわかるのだが、実際試してみると、指を縮めたまま倒れそうになった。

「地味に疲れるでしょ」

と秋山。相撲はまず自分の体重との闘いなのである。体重が重いほうが地面をつかみやすいが、その分、中腰でいることがつらいというジレンマ。新弟子の多くがこの地味な疲れに耐え切れず、教習所卒業までに十人中二人が辞めてしまうらしい。

基本動作の稽古は約一時間。終わると、しばし休憩である。力士たちは小走りに竹箒を取りにいき、稽古場を掃除する。こういう中でも彼らは体をぶつけ合い、じゃれ合っている。寸暇を惜しんでじゃれ合うようだった。

——土俵に入ってみてもよろしいでしょうか?

恐縮しながら私は秋山にお願いした。

目の前には土俵がある。土俵は黙ってそこにある。黙っているに決まっているのだが、周囲の喧騒の中で見ると、何か言いたげな佇まいなのである。ともあれ、土俵はこれまで外から眺めるばかりだったが、中に入るとどういう世界が見えてくるのだろうか。

土俵の前で一礼し、右足からそろりと入ってみる。

意外に広い。

と私は思った。ひと口に相手を「寄り切る」といっても、ずいぶん遠くまで寄らないといけない。相手に寄られて寄り返すことを考えるとそれはかなり遠い道程で、取組をあれこれ考えれば考えるほど土俵は外へひろがっていくようである。

正確にいうと土俵は単なる円ではなく、東西南北の四カ所が一俵外側にずれており、これを「徳俵」と呼ぶ。かつて野外で相撲を取っていた時代、土俵の中に溜まった雨水を掃き出すためにこうなったらしいが、力士にとっては、ずれた分、足が外に出ることを免れることから「得俵」、転じて「徳俵」と呼ばれるようになったそうである。歴史はさておき、おそらく外側にずれたこの徳俵が外へのひろがりを醸し出しているのだろう。

視点を変えるべく私はいったん土俵の外に出て、西側の徳俵の前に立った。すると秋山がおもむろに東側に立った。取組の所作を教えてくれるというのである。

「まず、お互い、目を合わせます」

遠くから秋山が私を見つめた。私も彼を見返す。

「一礼します」

礼をして土俵に入り、仕切り線近くまで歩み寄り、向き合って塵浄水《ちりちょうず》をする。

「ずっと相手を見ていてください」

と秋山。

——ずっと、ですか？

「そうです。ずっと見つめ合うんです」

秋山の小さな目が光っている。見つめ合うのは、立ち合いの瞬間だけではないのだ。

——こうですか？

手を止めて見つめる私。

「そうです」

見つめ返す秋山。

——なぜ、ずっと見つめるんですか？

「相手の動きに合わせるんです」

――合わせる？

「そうです。相手に合わせないと立ち合いのタイミングも合わないんです」

秋山と私は見つめ合いながら塵浄水をし、四股《しこ》を踏んだ。そして腰を落とし、右手をついた。こうして体重を充分にため、左手をついた瞬間に相手にぶつかっていくという段取りなのだが、確かにそのタイミングがよくわからない。お互いがまず息を吐き、八分目ほど息を吸い込んで止め、その瞬間に立つのが理想とされているが、秋山は息をしていないように見えるのだ。

どうすればいいの？

右手をついたまま、私は秋山に目で問いかけた。彼の目は「どうしたいの？」と問い返しているようで、私は「どうしましょうか？」というつもりでまばたきをした。

他の格闘技であれば、審判が試合開始を合図し、その瞬間に闘いが始まる。ところが相撲は、こうして闘う者同士がお互いに息を合わせてぶつかり合う。行司はそれを確認して「ハッキョイ（「発気揚揚」の詰まったもの）！」と発声する。「始め」ではなく「始まった」という追認をするだけなのだ。相撲は敵と闘う以前に、敵に合わせる。実は「闘う」ことより「合わせる」ことが重要なのである。「全力で正々堂々と勝負する」などとよくいわれるが、きちんと相手に合わせなければ勝負にならないのだ。

私のすぐ目の前に秋山の顔がある。考えてみると、男同士でこうして至近距離で見つめ合うことは滅多にない。さっきまであんなに大きかった秋山だが、広い土俵の中でお互い屈んで顔だけ見ると、何やら小さく見えた。

いい人なんだろうな、この人。

ふと私は思った。とても優しい目をしており、きっとそのせいで出世が遅れているのだろうなどと。そう、こうして見つめていると、相手の人格まで見えてくるような気がするのである。そういえば、追手風部屋の大翔鶴も「キリッとした顔は苦手」だとぼやいていた。自信がみなぎっているようで戦意を喪失してしまうと。特に外国人は顔の彫りが深くてキリッとしており、ハングリー精神が顔に出ているようだと。しかし私が察するに、理由はそれだけではなく、外国人の顔は見つめても人格が見えてこないのではないだろうか。外国人力士が次々と台頭してくるのは、このあたりの「気持ちの通じ合い」をなぎ倒すようにぶつかってくるからではないか。

秋山がじっと私を見ている。せっかくだから軽くぶつかってみようか。ぶつかったらもちろん優しく受け止めてくれるだろうが、もしかすると彼のほうから「こんな感じです」と軽くぶつかってくるかもしれない。そうなると本人は軽いつもりでも私ははじかれてケガをしてしまうかもしれないので、やはりこちらから先にぶつかったほうが無難である。しかし今、立った瞬間、同時に向こうからぶつかってこられたら、それこそ大ケガをしてしまう。「今」は危険。もう少し様子を見てから、などと「今」を先送りしているうちに、すっかり足が硬直してしまい、どこに力を入れれば前に出られるのかわからなくなってしまった。

「待った」

たまらず私は言った。そう、相撲には「待った」があった。こういう緊迫感から逃れるために「待った」という便利な方法があったのである。

息が合わないから、ちょっと待った。考えてみれば、格闘技の世界で相手に対して「待った」と声をかける競技など相撲をおいて他にないだろう。ボクシングに譬えるなら、パンチがきそうな時に「待った」と相手に呼びかけるようなものである。

『相撲大事典』（前出）によると、「待った」にも三種類あるらしい。そのひとつが「行司待った」。「呼吸の合わない立ち合いや公正でない立ち合いが行われたときに、行司、審判長（まれに審判委員）が立ち合いを中断してやり直させるために、両力士に警告すること」である。もうひとつが「廻し待った」。力士の廻しがゆるんだ時に、行司がいったん取組を中断させること。これらは競技上、合理的な「待った」といえるのだが、不思議なのは力士同士の「待った」である。

立ち合いの際に、相手と呼吸を合わせられなかったり気合いが入らなかったりして、相手が突っかけてきたのに対し立てないこと、または立たないこと。（同前）

「気合いが入らず、立てない」ということは、負けたも同然なのだが、そこで「待った」と言える。「立たない」とは勝負を放棄したも同然なのだが、そこで「待った」と言える。勝てるわけがない私も、ここでひと言「待った」と言えばその場をしのげるのである。

どの格闘技にも「真剣勝負」はあるが、「待った」はない。便利というか都合がよいというか、この「待った」こそ相撲の相撲たるゆえんではないだろうか。

歴史文献を辿ってみると、次のような記述があった。

相撲の古法には、双方相對《あいたい》し左右の手を下げて己《おのれ》の向ふ臑《すね》を押へ居り、行司の団扇（軍配のこと）を中間に挿《さ》して双方呼吸を計り、呼吸の揃ふたる處《ところ》を、「スマフ」と言つて団扇を引く時に、双方「ヤツ」と言つて立上り勝負を試みるのである。

（古河三樹著「江戸時代の大相撲」『大相撲鑑識大系』第三巻　國民體力協會　昭和十七年）

江戸時代初期には、行司が「スマフ」（相撲を取るの意）と発声して軍配を引くことを合図に、力士は立ち合っていたのである。力士同士が息を合わせることには変わりはないが、当時は行司の合図で立ち上がったのだ。ところが、

堺の力士、八角楯右衛門《たてえもん》（楯之助）の工夫によつて「待ツタ」といふことが始まり、行司が団扇を引くと引かざるに拘《かか》はらず、自分に都合あしくば何時までも立たず、現今に迄その弊風《へいふう》を遺《のこ》したのである。

（同前）

江戸時代の享保年間（一七一六〜三六年）に八角楯右衛門という力士が「待った」を考案し、以来、行司が合図をしても、力士たちはいつまでも立ち上がらなくなったという。やがて行司は合図をしても仕方がないので合図を止めてしまい、「後世行司は殆《ほとん》ど名乗《なのり》を揚《あ》ぐるだけの職柄になつた」（同前）らしいのである。

八角楯右衛門とは一体何者なのだろうか。「相撲今昔物語」（同前『大相撲鑑識大系』第三巻所収）には、「ネヂケ屋（性格がねじけているの意）の隊長」と称されている。

> 八角が給銀（給料）は五十両也。此時分としては随分高値のものなるが、其後《そのご》元文《げんぶん》の頃相撲少し衰微せしゆゑ、頭取相談にて八角の給金を値切りし事あり、豪傑者聞き入れず。仍《よつ》て八角を省き初日を出す。三日目まで一向に見物なし、依《よつ》て相撲を休み、再び堺に到り、八角を頼みしに、八角のいふやう、親方衆気前悪しといふ可《べ》し。……久しく取り来りし給金を値切らうとは不快千萬也。……盛りの此八角、五十両の内、一両かけても得こそ勤めじといふ。仍《よつ》て半金二十五両を調達して渡す。凡そ番附に乗らず、相撲一番も取らずに半給金を取りしは此八角ばかりなり。 （同前）

給金を値切られた八角は相撲を辞めて故郷に帰ってしまった。そこで主催者は交渉の末、半分だけまず渡して出てもらうことにしたというエピソード。彼がいないとお客さんが入らないというのだから、当時の人気力士だったのだろう。そんな八角に大坂のひとりの豪商が莫大な懸賞金をかけた。「今度の角力《すまう》に勝たらば、町屋敷を二軒與《あた》へて一生安富に暮らしを與《あた》ふべし」（「薫風雑話」寳暦九年刊　同前『大相撲鑑識大系』第三巻所収）と申し出た。その取組が九年間連勝を続けていた谷風梶之助との一番だったのである。

八角種々工夫を凝らしたれども、迚《とて》も谷風に勝つべき透《すき》の所も見えず、如何はせんと當惑《とうわく》しけるが、やがて「待ツタ」の一策を案じ出したり。此に於て八角は谷風を堅くさせんと思ひ付き、行司団扇を引《ひく》と均《ひと》しく、谷風仕懸《しか》くれば「待ツタ」と云て取り組まず、谷風ひたすら仕かくれども、八角は彌《いよい》よ取り合はざる故、後には谷風も是迄《これまで》なき事ゆゑ、心せきて、ハテたわけたる奴哉《やつかな》と思ひつゝ、のぼせ切りたるすきを窺《うかが》ひ、八角は先を取りて仕かけ、這奴《こやつ》が慣手の「モタレ」を取て押出し勝を占めたり。是より後は誰も負けじとて「待ツタ」「待ツタ」を学び、世間に流布し、竟《つい》に今の様にいやしく成り降《くだ》れり。（同前）

勝てそうにない相手と対戦する場合は、まず「待った」をして相手を苛つかせ、スキをつくる。八角のアイデアはたちまち力士たちの間にひろまり、お互いがそう考えるようになったので、やがて相撲は「待った」の応酬になったのである。

しかし、こうなるとそれまで立ち合いの合図を出していた行司の面目は潰れてしまうような気もするが、「相撲今昔物語」によると、実は八角に「待った」のヒントを与えたのは尺子一学という行司だったらしい。彼は八角にこう言ったそうだ。

たやすく立合ふ事なかれ、其内《そのうち》かならず得手《えて》知るゝものなり。……汝是を工夫せば案外の勝利を得べし。必らず急く事なかれ。

合図をしていた行司本人が、「合図をしてもすぐ立ち上がるな」と指導していた。そう言われて八角は「待った」を始め、やがて行司は軍配を引くことを止めた。結局、行司が自らその職責を放棄したのも同然なのである。

当時の記録には、「(行司の)団扇の引き方に依怙《えこ》も有る」(『甲子夜話』同前『大相撲鑑識大系』第三巻所収)と記されている。つまり行司の中には、片方の力士に有利なタイミングで軍配を引くこともあったらしく、そう考えると、「待った」の流行によって行司が合図を止めたことは公平な立ち合いの実現につながったともいえる。お互いに「待った」をして、お互いに納得した上で立ち合う。「待った」は、行司も含めみんな「文句なし」と確認するための技なのかもしれない。「待った」が定着すると、相撲は「待った」の連続、取組はほとんど「待った」という様相になったらしい。例えば『日本相撲史』(横山健堂著　冨山房　昭和十八年)に収録されている横綱大錦の自叙伝には、こんなことが書いてある。

明治四十五年の夏場所のことであった。さるやんごとなき御方の台覧を仰いだ時、某々両力士は、その立合に待つたを繰り返すこと五十四回に及び、終に立ち上るまで一時間卅七分といふ長時間を費した。

明治天皇の天覧相撲。ある取組で「待った」を五十四回、立ち合うまでに一時間三十七分もかかったというのである。「待った」をすれば、取組は「仕切り直し」ということになり、昭和に入ると「仕切直しと言ふものは、たしかにわれ〳〵の心を力士に接近させる。人間的親しさを與へるものである。あの数十分間にしん〳〵として深まつて行く力士の気魄の追及は正に藝術のもつ表現である」「立ち上がつて双方もみあつてからが相撲と思ふのは間違つてゐる。相撲の本當の味は立ち上がる前にある」（藤生安太郎著『相撲道の復活と國策』大日本清風會創立事務所　昭和十三年）などと意味付けられた。大切なのは勝負より勝負前。「待った」こそが相撲の真骨頂になっていったのである。

ところが昭和三年に相撲がラジオで中継されるようになると、放送時間に合わせるために力士たちは早く立ち合わなくてはならなくなり、「仕切り制限時間」が設けられた。時計係審判が時間を計り、幕内は十分、幕下以下は五分以内に立たなければならなかった。「待った」を重んじる横綱大錦は当初からこの制度に反対していた。

「待た（待った）の長いのは角力を亡《すも》ぼす」などといふ人もあるが、力士側から言はせれば、角力は一度立ってしまへば、数秒の間に勝負がついてしまふ。萬事休するのである。されば力士に取つては、立つまでの仕切りの間が極めて大切なので、その間に敵の策戦を窺ひ、自己からの注文もつけなどして、慎重を重ねて敵に對するのである。かうして一方ばかり気が充ちて突掛けても、他方の気が充たなければ立てるものではなく、つまり双方、気が合して同時に突掛ける時に、始めて立てるのである。

（前出『日本相撲史』）

立ってしまうと勝負がついてしまう。だからお互い「気が充ち」「気が合」するまでずっと待つ。たとえ一時間以上かかってもそれはやむなし、と大錦は主張していたのである。

想像するに、ラジオやテレビがなければ、相撲は今もきっとほとんど「待った」状態だったのだろう。相撲は土俵上のぶつかり合いだと考えられているが、それは番組編成の都合にすぎず、本当はじっと勝負を「待つ」格闘技だったのである。

「不思議でしょ。相撲は不思議だらけ、謎だらけなんですよ」

大山親方がうれしそうに語りかけた。

――そうですね。

私がうなずくと、親方が私の足元を指差した。

「例えば、ここは西でしょ」

私が立っているのは、土俵の「西」だった。

「でもご覧のように、こっちから太陽が出ています」

振り向くと朝日が差し込んでいる。つまり、ここは方角としては東なのである。

——東なのに「西」なんですか？

「そうです」

——なぜ、ですか？

「正面があっちだからです」

親方が神棚の方を指差した。神棚が置かれた所が「正面」。正面から見て、右が「西」、左が「東」なのである。

——なぜ、正面があちらなんですか？

「玄関がそこにあるからです。玄関のある所が正面なんです」

——じゃあ玄関はなぜ、そこなんですか？

「それは建築上、そうなんでしょう。道路の事情とかいろいろあって、玄関はあそこにつくったんでしょう」

早い話、方角に基づいて設計されたのではなく、建てた結果、土俵の東西南北が決まったのである。

「国技館の土俵もそうです。玄関を入った所が正面になっています。方角としては西ですけど」

国技館の土俵は「西」と呼ばれる所が南、「東」は北になる。これもまた建築上、道路事情などでそう建てるしかなかったからだという。地方場所の体育館などでは、もともと座席に方角どおりの東西南北が印字されており、それでも玄関がある所から「正面」「向正面」「東」「西」と決めるので、混乱を来すこともあるらしい。何やら話を聞いているうち、私は方向感覚がおかしくなってきた。

――それでいいんですか？

「本当は方角とピッタリ合っていたほうがいいのかもしれません。しかし、しようがないでしょ」

――しようがない？

「だって建築上そうなんですから。でも、東西南北の神様にちゃんと来てもらっているから、大丈夫です」

国技館の吊り屋根には、東方の守護神である青龍、南に朱雀、西に白虎、北に玄武が祀られた房が飾られている。土地の風水に合わせて土俵をつくるのではなく、建築上の事情に合わせて土俵をつくり、方角もそれに合わせて神様まで動かしてしまうのであった。

掃き掃除が終わると、力士たちはジョウロを持ち、稽古場に満遍なく水をまく。

――水で清めるんですね？

私が確認すると、親方が答えた。

「それもありますが、現実的には砂が乾いてしまうんで、水をまくんです」

相撲とは、現実と伝統の不思議な調和である。放送事情、建築事情、社会事情も呑み込んで独自の意味付けをしてしまうのだ。

――相撲は変わっていますね。

「変わっているといえば、変わっています。でも、そうは言ってほしくない」

親方が私を見つめた。

――では、どう言えばいいんでしょうか？

「独特、と言ってほしい」

相撲は「唯一」とされるもの。唯一のものに根拠は要らず、他と比較することもできないのである。

私は土俵を見つめた。そしてあらためて方角を確認した。この「西」が本当は東で、「東」が西だから、などと頭の中で土俵を回しているうちに目が回りそうになったのだが、考えるに土俵は円いので、たとえ東と西が逆でもそのままでよいのである。いったんそこに築かれれば土俵は不動。人間だけがそのまわりで右往左往しているのだろうか。

第五章

何が何して何とやら

相撲教習所では約三時間の実技が終わると、続いて学科の授業だった。私たちは廻しを外し、浴衣に着替えて教室に着席する。一リットルパックの牛乳が全員に支給され、それをラッパ飲みしながら先生がやってくるのを待つのだが、待っている間にほとんどの力士が机にうつ伏せになって寝入っていた。

「寝る、というのは自然の流れ、す」

ある力士が飄々と私に釈明した。

——自然の流れ？

「そう、す。自然と眠くなる、す」

そう言いながら彼の目はすでにとろんとしていた。

学科の講義内容は基本的に「社会人としての一般教養」である。月曜日から金曜日まで毎日一科目（一時間）。例えば、「社会」では日本国憲法を通じて国民の権利と義務を学び、「運動医学」は骨格標本を見ながら、ケガをした場合の注意点などを教わる。「国語」は書道。「相撲」「国技館」「成長」などの文字を書いて、先生に朱字を入れてもらう。相撲取りが「相撲」と書くのも何やら妙で、自分たちが何をしているのかを書いて確認しているようだった。いずれも先生たちは高齢の元大学教授。その口調は穏やかで、聞いているうちに、彼らは頭をゆらゆらさせながら眠り始めた。教室内はけだるい空気に包まれ、私までうとうとしてくる。早起きして稽古をし、その後に大量の牛乳を飲んだせいだろうか、次第に朦朧とする中、不意にガクッと頭が揺れて目が覚めた。

相撲とは、日本人の「自然」（spontaneity）なのかもしれない。

私はふと思った。エコブームの昨今は「自然」というと、天地万物（nature）のような客観的な存在を思いがちだが、そうではなく「ひとりでになるさま」の意。人間の意志とは無関係に物事は流れていく、善悪是非とは別にそうなっていくものは仕方がない、というあきらめた姿勢のことである。早起きすれば昼にはひとりでに眠くなる。親方や力士はしきたりについて必ず「そういうものですから」と説明するが、これもひとりでにそうなっているという意味で自然な答えである。私自身も日常生活を振り返ってみると、大抵のことは、そういうものだからそうしており、「気がついたらここにいた」という感じで今ここに座っているのである。

「ほら、起きろ！　一般の人たちは働いている時間だぞ！　目を覚ませ！」

大山親方の怒鳴り声で、力士たちはおもむろに顔を上げた。机の間を補佐役の若い衆が力士たちを起こして回る。竹の棒でつついたり、額に指を当ててパチンと弾いたりする。座禅の修行のようなもので、力士たちは一瞬目を覚ますものの、しばらくするとまたゆらゆらする。講義というより、眠気との闘い。彼らが「社会人」として学ぶべきは、人が話をしている時はきちんと起きて聞く、ということのようだった。

金曜日に行なわれる「修業心得」の授業は一種のマナー講座である。講師はＮＨＫのアナウンサー。私が参加した日のテーマは「自己紹介」だった。

教室内が薄暗くなり、黒板脇のスクリーンに「人の印象を決める要素」と題された円グラフが映し出された。講師が解説する。

「人の印象は三つの要素で成り立っています。第一に〝見た目〟です。見た瞬間の印象ですね。次が〝音声〟、つまり声です。ボソボソしゃべるのではなく、弾むような大きな声で挨拶することが大切です。そして最後が〝言葉〟、つまり話の内容です」

印象の内訳は、見た目五五パーセント、音声三八パーセント、言葉七パーセント。言葉は耳から入ってすぐ消えてしまうので、話す内容より「明るく元気な人間性」をアピールしましょうという趣旨なのである。そのためのポイントは三つ。

・五～六メートル先の人にも届く高めの発声
・スマイル
・アイコンタクト

相手の目を見ながら、笑顔で高音ぎみに発声すればよいのだそうだ。

「それでは全員に参加してもらいましょう」

講師が小型のビデオカメラをバッグから取り出し、構えた。ひとりずつインタビュー形式で自己紹介の練習をしようというのである。教室内がざわめくなか、自己紹介の基本フォーマットがスクリーンに映し出された。


こんにちは、〇〇部屋の〇〇です。

～ショートスピーチ～

よろしくお願いします。


ショートスピーチとは何か？　そのフォーマットも三パターン映し出された。

一、なぜ相撲の道を選んだのか？

二、いま自分が課題としていること
三、将来どんな力士になりたいか？

そして講師はそれぞれの文例まで提示したのである。

一、「相撲が好きだったから」
二、「もっと体重を増やしたい」「もっと四股《しこ》を踏みたい」
三、「横綱になりたい」など。

私は以前、追手風部屋で同じようなインタビューをしたことがある。力士たちのほとんどは「気がついたら、相撲取りになっていました」「昼寝ができるから」などと動機がはっきりせず、将来の夢についても「『横綱目指して頑張れ』と言われると腹が立つ」と怒っていた。しかし相撲中継の総合演出はＮＨＫ。その企画意図は全国から集まった若者が横綱目指して頑張っているということらしい。

「みんな大きな目標を持っていると思います。夢や抱負を盛り込んで答えてください」

講師がカメラを抱えて一番後方の席までやってきた。最初のインタビューは、新弟子検査を練習と勘違いして落ちた大翔龍だった。

「こんにちは」

カメラを向けて講師が呼びかけた。すると、大翔龍はすらすらと答えた。

「こんにちは、追手風部屋の大翔龍です。相撲の道を選んだのは、相撲が大好きだからです。よろしくお願いします」

カメラ目線と適度な笑顔。ほぼ完璧である。

「シンプルだったね」

と講師。照れる大翔龍。

「もうひと言あるといいね」

答えが文例どおりで面白味に欠けるのである。続いて答えた力士もまたシンプルだった。

「将来の目標は関取（十両以上）になることです」

それで？　と問うようにカメラを向けたままの講師。しかし続きは特になく、彼は「よろしくお願いします」とお辞儀をした。

「もう少し明るく明瞭な声で話そうね。それと最後の『よろしくお願いします』も、きちっと言うと、『誠実ないい子だな』『いいおすもうさんだな』と思ってくれます」

誰がそう思うのだろうか。「皆様のＮＨＫ」だから「皆様」なのだろうか。ともあれ、彼はうつむき加減にうなずいた。

「ちゃんとした声出る？」

「はい、出る時もあります」

彼は正直なのである。しかし正直なだけでは「いいおすもうさん」が演出できない。

「目標にする力士は誰ですか？　とマスコミの人に必ず訊かれますから、事前に考えておくといいね。師匠や兄弟子ということになると思うけど、事前に考えておけば、間髪入れずに答えられるよね」

師匠や兄弟子のようになりたいと答えれば、目標も具体的に定まり、なおかつ自分の立場も明確になる。紹介すべき「自己」がそこに生まれるというわけである。指導に従い、ある力士が明るくこう答えた。

「将来の目標は、安馬《あま》関のような相撲を取ることです」

すかさず講師が注意した。

「単に『安馬関のようになりたい』ではなく、『安馬関のように廻しを取ったしぶとい相撲を取りたいです』とひと言付け加えるといいですね。答える時は、誰でも想像できる内容ではなくて、『この人ならでは』という答えをしてくれると、イメージがはっきり浮かぶので、みんな喜んでくれます」

ＮＨＫの「皆様」は個性を喜ぶらしい。いずれにせよ力士たちは誰かの期待に応える存在。個性を発揮して周囲を喜ばせるのが力士の役割なのである。やがて力士たちはそれぞれ個人的なことを語り始めた。

「今、自分の課題はお父さんを追い抜くことです」

ある力士が答えた。極めて個性的なので講師がカメラを向けて問いかける。

「いいねえ。大きな夢だね。お父さんの四股名は?」

「玉桜です」

「ずいぶん上まで行った人じゃないですか?」

講師はあくまで夢の大きさにこだわった。

「三段目です」

「じゃ、すぐ抜くかもわからないね」

夢がしぼんだように講師はカメラを下ろした。個人的なことを語り始めると、次第にやりとりが難しくなってくるようである。

「将来の目標は、しゃべりの強い力士になることです」

元気いっぱいに答えた力士もいた。相撲は強くなくていいのか? と問い質したくなる答えで、講師も「部屋を明るくする存在になるってことだね」と応じるしかなかった。

意表をつく目標を掲げた者もいる。

「なぜ自分が相撲界に入ったかというと、相撲界の中身を知りたかったからです」

取材のために相撲取りになったようなもので、これでは私と同じである。

「それで、わかったのかな?」

「わかりません」

激励のしようもなく、講師も絶句した。

「自分が今、課題としていることは、身長を伸ばすことです」

ある力士が笑顔で答えた。これは前向きである。講師が問う。

「今、身長は？」

「一七一・五です」

「ずいぶん細かいねえ」

感心する講師。

「はい」

「あとどれくらいあればいいですか？」

「一七五です」

目標もはっきりしている。

「身長を伸ばすために何かしていますか？」

「はい、とにかく寝ることです」

期せずして彼らが今望むことを代弁したかのようで、教室内にはどっと爆笑が沸き起こったのであった。

ＮＨＫの講師が退室すると、今度は拍子木を打ちながら國錦さんが入ってきた。彼は元力士

（國錦とは現役時代の四股名）で現在は相撲甚句《すもうじんく》の先生。入室するとそのままひとしきり甚句を歌いながら机の間を巡るのである。

相撲甚句とは江戸時代末期から明治にかけて流行した一種の民謡である。歌詞は七、七、七、五の四句で構成され、歌の間に「どすこい、どすこい」という囃子詞《はやしことば》（掛け声）が入る。基本的に巡業先などで披露するものらしい。

黒板に歌詞が書かれた模造紙が貼り出される。力士たちはそれを見ながら、ひとりずつ歌うのである。歌詞（「当地興行」）の一部を紹介しよう。

当地興行も本日限りよ
勧進元や世話人衆　御見物なる皆様よ　いろいろお世話になりました　お名残り惜しゅうは候えど　今日はお別れせにゃならぬ　われわれ立ったるそのあとも　お家繁盛、町繁盛　悪い病いの流行らぬよう　蔭からお祈り致します　これからわれわれ一行も　しばらく地方を巡業して　晴れの場所で出世して　またのご縁があったなら　再び当地に参ります　その時ゃこれに勝りしごひいきを　どうかひとえに願いますよ　折角なじんだ皆様と　今日はお別れせにゃならぬ　いつまたどこで逢えるやら　思えば涙がパラリパラリと

お客さんとのお別れを惜しむ甚句である。節回しが難しく、素人の私などは歌えるはずがない

と思ったのだが、先生と唱和しながらゆっくり読み上げていくと七五調のリズムに乗って、知らぬ間に歌える。そして歌っているうちに自ずとお客さんへの感謝の気持ちも込み上げてくる感じがするのである。

しかし教室にはまったく歌えない力士がひとりいた。グルジアからやってきた司海《つかさうみ》。彼は日本語が読めないのだから仕方がない。うっすらと微笑みを浮かべあたりをキョロキョロしていると先生が優しく言った。

「読めなくても大丈夫です」

ひとりうなずく先生。

「皆さんも歌詞を忘れたら、その部分はこう歌えばいいんです」

♪何が何して、何とやら

誤魔化しているといえばそれまでだが、そう歌うと全体の意味を損なうことなく流れてゆく。究極の七五調。形式が整えば内容はなんとなくついてくるのである。

先生の拍子木に合わせ、私は「何が何して何とやら」と唱和してその日の講義は終了。教室を全員で掃除した後、整列して黒板に向かって「相撲錬成歌」を歌う。

国技の伝統　守りつつ
新たな技量　みがきつつ
土俵に飾る　晴れすがた
輝く我等　輝く我等　相撲道

（「相撲錬成歌」三番）

力士たちと一緒になって歌いながら私は首を傾げた。
この「国技の伝統」とは一体、何なのだろうか、と。

第六章

国技館だから「国技」

相撲は日本の「国技」だといわれている。「国技」というくらいだから日本の伝統文化だろうと私は漠然と思っていたのだが、「国技」とは何か？　とあらためて考えるとよくわからない。国が定めた競技のようでもあるが、特に法律があるわけでもない。昔、誰かが「国技」だと決めたのかもしれないが、それが誰なのかはっきりしない。調べてみると、日本相撲協会監修の『相撲大事典』にも「国技」という項目はないし、観客向けのパンフレット『知るほど、観るほど、面白い！　大相撲なるほど観戦帖』にも「伝統の世界へ、いざ！」などというフレーズこそあるが、「国技」については一切触れられていない。これはどういうことなのだろうか？　とある相撲関係者にたずねてみると彼はさらりとこう答えた。

「親方や力士が『相撲は日本の国技だ』と言ったわけじゃありませんん」

――言ってはいないんですか？

「自分で言い始めたんじゃないということです」

——では、誰が言ったのですか？

「まわりの人に『国技』と言われたただけなんです」

「国技」と言われたから「国技」。勝手に周囲からそう言われただけ、ということのようなのである。確かに「力士修業心得」にも「相撲は日本の国技と称されていることを忘れないこと（第一条）」とあり、自分から言っているわけではなく、あくまで言われている旨が明記されていた。

相撲に関する近年の歴史書を探ってみると、そのほとんどが、昭和十五年発行の『相撲道綜鑑』（彦山光三著　國民體力協會）を参照している。「相撲は、肇國《てうこく》以来、日本の國技である」という書き出しで始まる権威ある文献なのだが、よく読むとそこには次のように記されていた。


何ゆゑ、相撲は、肇國以来、日本の國技であるか、いかにして、相撲は、肇國以来、日本の國技とせられたか。相撲に関する傳《でん》・論《ろん》・解《かい》等の文献は、古来、決して尠少《せんしよう》とはいへない。しかし、遺憾ながらこの點《てん》を闡示《せんじ》したものは一つもない。

相撲は国技だが、国技である証拠はどこにもないというのである。それなのに、どうして相撲は日本の国技だと言い切れるのだろうか。同書はこう続く。

この語（「國技」）が、一般的になつたのは、明治四十二年「國技館」が新建された當事《とうじ》からである

日本ではそれまで「国技」という言葉がほとんど使われていなかったが、明治四十二年（一九〇九年）、両国に「國技館」という相撲常設館が建設されてから、相撲は「国技」と呼ばれるようになったという。ではなぜ、その相撲常設館に「國技館」という名前が付いたのだろうか。相撲教習所の教科書『相撲の歴史』（竹内誠著　財団法人日本相撲協会　平成五年）はこのあたりの事情を簡潔に説明している。

国技館の命名

一万人余を収容するこの常設館の名称は、当初、板垣退助が主張した尚武館という案もあったが、結局、右の完成案内状に「角力は日本の国技」と江見水蔭が書いたことから、国技館と命名された。

完成案内状に「国技」と書いてあったから、国技館にしたというのである。建物の完成案内状を見て、そこから建物の名前を決めるというのは本末転倒ではないだろうか。その案内状（「大角力常設館完成―初興行御披露」）は現在、両国国技館内の相撲博物館に展示されている。薄茶けた

一枚の紙。見てみると、確かに文中には、「事新しく申し上ぐるも如何なれど、抑《そもそ》も角力は日本の國技」という一節があり、その一節だけがなぜか大きな活字で印字されていた。そして、「其國技の活字を他よりも大に組ませたるを、尾車が見て國技館と提案、それを常陸山が賛成して」（枡岡智・花坂吉兵衛共著『相撲講本』昭和十年）、国技館という名前に決まったらしいのだ。

事の経緯を整理すると、まず相撲常設館が建設された。たまたまその完成案内状に「國技」と大きな字で書いてあった。大きいから目に留まり、相撲常設館を「國技館」と名付け、そう名付けたから、相撲は国技になったというわけなのである。

偶然と言うべきか。それともいい加減なのか。先述の相撲関係者も「あくまで先輩に聞いた話ですが」と断った上で、こう明かす。

「国技館が出来た時、その名前をどう付けようかとみんな悩んだらしいんです。それで偉い先生（小説家の江見《えみ》水蔭《すいいん》）にお任せしたらしいんですね。そしたら先生が『國技館』って書かれたわけです。それで、国技か、ということになったんです」

――それだけのことで、国技になったんですか？

「そうなんです。要するに、看板に『國技館』と書いたから相撲は国技になったんです。その時、国技館という名前じゃなかったら相撲は国技になっていないと思います」

――すごい話ですね。

「ふつうなら通用しないです。国技館って名付けた人もすごいですけど、それで国技になったというのもすごい話です」

つまり「国技」とはたまたま付けた建物の固有名詞で、それがいつの間にか抽象名詞に変わっていったということである。国歌、国旗、国宝、国史等々、いずれも「国」を冠することで物事は権威を帯びる。相撲の「国技」は、建物の名前がそこへ紛れ込んですっかり定着してしまったということなのであった。

記録によると、明治四十二年に完成した国技館は、高さ約三〇メートル、直径約六〇メートル。四階まである観客席に半球状の丸屋根を備えた、当時としては画期的なドーム形スタジアムだった。新聞もその完成をセンセーショナルに取り上げ、「西班牙《スペイン》の闘牛場を眼前にするが如き」「羅馬《ローマ》式の大建築物」「東洋第一の大建築」（東京朝日新聞　明治四十二年六月六日）などと何やら無闇に国際色を強調している。

同館の設立委員長を務めたのは、自由民権運動の指導者、板垣退助だった。彼は日本初の政党、愛国公党を結成し、明治三十一年に大隈重信と政党内閣を組織。しかしその二年後には政界を引退して晩年は相撲に力を注いでいた。彼は「國技館設立の趣旨」を次のように語っている。

> 國技館の設立は時勢の要求に應《おう》じて出来たものである。維新前未だ外国と交通が無かつた時は兎《と》も角《かく》、今日の如く歐米諸國から貴賓《きひん》が来るやうになり随《したがつ》て我が國固有の相撲が海外人に見られるやうになつては如何《どう》しても常設館が無くては不可《いけ》ない。茲《ここ》に於て古来嘗《かつ》て其の例の無い

常設館を建てることに為つたのである。尚常設館といふのは假小屋《かり》に對《たい》する名稱《めいしょう》であつて假小屋が無くなつてから常設館といつては何のことやら解らない。乃《そこ》で種々協議の末「國技館」と命名することになつたのである。

（東京日日新聞　明治四十二年六月二日）

明治政府の開国により日本には欧米諸国からの来訪者が急増。そこで欧米人に「我が國固有の相撲」を見せるべく、立派な常設館を建てようと考えたのである。それまで相撲の本場所は両国にある回向院で年二回行なわれていた。野外でテント張りだったため、大雨が降ると中止になる粗末な仮小屋。また明治四年に東京府は裸で町中を歩くのは欧米人からするとみっともないという理由で「裸体禁止令」を出していた。その流れで、相撲も恥ずべきものと条例で禁止してしまおうという意見まで出されていたらしい。見られても恥ずかしくない相撲。欧米人に誇れる相撲。板垣はそう考え、まず建物から立派にしようと思い立ったのである。

完成した国技館での相撲興行は十日間行なわれ、観客数はのべ九万二四九七人を記録した。かなりの大盛況だったようで、新聞は次のように伝えている。

大阪の團體《だんたい》が六百幾人、京都の連中が百何人、其他東北地方よりも北越地方よりも、続々と押し出したる好角連［相撲好きの意］、初日の景気の半《なかば》以上は此地方の好角連に依《よつ》て賑はさる、「えろうすなア」といふ者あり、「えれいこんだ」と叫ぶ者あり、あれだこれだと地方訛を其儘《そのまま》の批評詞《ひひようことば》、四階といはず、三階といはず、二階の上より土間の隅まで、思ひ思ひの言語を交換したる不思議さ、之に依ても角觝《すまふ》が國技となつて、國技館が全國の人を迎へたる證據《しようこ》歴然、今数年の後には英佛獨露の國語を以て、其反響の世界的となる事も、疑い無き事實《じじつ》なるべし。

（東京朝日新聞　明治四十二年六月六日）

国技館ができたことで、相撲がいよいよ「国技」になったと記者は熱く伝えている。全国から人が集まっているから「国技」。いずれイギリス、フランス、ドイツ、ロシアからも人が来るにちがいないから「国技」。同記事は観客の野次についても、「角觝《すまふ》が國技となり、常設館が國技館となると、狂角家も頗《すこぶ》るハイカラ式のベランメー、やがて英語から獨逸《ドイツ》語、遂には『エスペラント』で無くちやア可笑しく無いといふ事になつて……」と記している。つまり、国技に不可欠なのは外国人。ちょうど饅頭や団子などの菓子が、ケーキなど「洋菓子」の流入によって「和菓子」と呼ばれ始めたように、外国人に取り囲まれることで「国技」は国技らしくなっていく。「我が國固有の相撲」も外国文化とのコントラストで初めて「固有」が映えるのである。そして、

横綱の土俵入に、木村庄三郎が素袍に侍烏帽子《さむらいえぼし》といふ古式の扮装《いでたち》、いかにも寛政の昔を見るやうで嬉しい、土俵の上は飽《あ》く迄《まで》も古雅《こが》の日本式でなければいかん、イヤ角觝《すまふ》ばかりはこれが固守されるので純日本式の優雅豪壮と、文明的のハイカラ趣味の調和が、誠にいゝ工合に出来

てゐる。新舊《しんきゆう》両派の特色が、遺憾なく発揮されて、而《しか》も些《そ》の衝突を認めぬのは角觝許《ばか》りだ……四十年前に取拂《とりはら》つたチョン髷を乗けて、毫も野蛮人扱をされない力士生活は、ある意味に於いての大權勢家《だいけんせいか》である。之《これ》をエラク無いと思ふ人は、チョン髷を乗せて歩いて見るさ。

（東京朝日新聞　明治四十二年六月六日）

要するに「国技」とは、過去から受け継がれてきたものではなく、「いかにも」昔風のものと「文明的のハイカラ趣味」の調和。調和の妙が「国技」なのである。行司が現在の烏帽子に直垂《ひたたれ》という「いかにも」昔風の装束に変えられたのもこの時。見た目も手伝って建物の名前にすぎなかった「国技」はたちまちひとり歩きを始めたのである。

気がついたら「国技」ということか。それにしても、新聞各社はなぜこんなにあっさりと「国技」という言葉を取り入れてしまったのだろうか。

新聞を読み進めると、「国技」の扱い方には特徴があることに気がついた。ただ単に「相撲は国技だから素晴らしい」と讃えているわけではないのである。例えば開館二日目の様子については、こう書かれている。

此の大盛況には驚嘆《きようたん》の聲《こえ》を放たざるを得ない。玉座《ぎよくざ》には華頂宮、伏見宮若宮。貴賓席には米國前副大統領フエア、バンクス氏も来て居られる。其他外國貴婦人が二組もゐる。此前をも憚《はばか》らぬ、裸一貫の角力取《すまふとり》は豪儀なものだ。世界中にこれ程暢気《のんき》な商賣はありやしない。

（東京朝日新聞　明治四十二年六月七日）

国技らしく観客も国賓級。それにひきかえ、相撲を取る力士たちは「暢気《のんき》」だと指摘するのである。「国技だから」ではなく「国技なのに」。相撲は国技なのに、肝心の相撲取りが国技らしくない、と非難するのだ。おそらく力士たちは以前と同じように相撲を取っていたにちがいないが、視線が変わることで、彼らは「国技らしくない」存在に映り始めたのである。例えば、取組の様子は次のように描かれている。

土俵は極めて惰気充溢《だきじゅういつ》で、八百長に次ぐに八百長を以てしてしてゐる。……幕内の力士でも、忌《い》やに力の入らない様な取口《とりくち》をしてゐる。行司もニヤ〳〵笑つてゐる。四本柱〔勝負検査役のこと〕もボンヤリしてゐる……力士が四つになつて、右へ行つたり左へ行つたり、丸でダンスをやつてゐるやうだ、これが本當の八百長ダンスだと笑ふ。

（東京朝日新聞　明治四十二年六月十五日）

同記事には、まるで土俵に「八百屋市場が立つたやうだ」と書かれている。国技なのに八百長、とは今日も続く相撲批判の定番だが、そもそも「八百長」とは相撲から発生した言葉である。元若者頭の朝日達栄次によると、その由来は明治初期。八百屋の長兵衛という人が七代目伊勢ノ海親方と囲碁をした際、わざと「負けてやって機嫌よくさせた」（小島貞二編『はなしの土俵』ベースボール・マガジン社　平成七年）ことから、「八百長」と呼ばれるようになった。つまり不正というより粋な話なのである。

参考までに、大正七年に出版された『お相撲さん物語』（小泉葵南著　泰山房）にも「八百長の禁止は不可能……困難どころではない絶對に不可能である」と記されている。同書によると八百長には、勝ち星の貸借と売買の二種類があったらしい。一般的なのは貸借で、その場所に昇進がかかっていた場合に人から借り、次の場所で返す。取組が発表されると取組相手に会いに行って「『よろしく頼みます』と頼み込む」。あるいは取組の寸前に桟敷裏で「手取早く『いゝか』『うむ解《わか》つた』の僅か一二語の裡《うち》に話を決める」こともあったそうだ。これを「拝む」と呼んでいたらしい。いずれにせよ信頼関係で成立する取引で、それに欠ける力士が金銭での売買をした。当時の横綱だった○○（同書で伏せ字になっている）などは「星を借りても次の場所になると何だの彼だのと理屈を付けては延期を申込んだり相手方を休ませやうとしたりなぞ、自分勝手ばかりを遣らかすので時々相手方を怒らせ、八百りそくなふ（八百り損なう）」のである。つまり八百長とは義理人情の為せる技。加えて彼らは頼まれると断れない性格だったらしい。

若しそれを拒絶でもしようものならばそれこそ大變《たいへん》「あの男は眞實任俠《まつたくおとこぎ》がない」と仲間から

爪弾《つまはじき》されるばかりでなく、昔から頼まれて断つた時には却つて堅くなつて負けるものだといふ迷信があるので、大抵な者はそれに應《おう》じて仕舞ふ

頼まれて断ると、断ったことで体がこわばって結局負ける。だったら素直に八百長に応じたほうが貸しができて得をするのだという。そして関係が深まれば「必ず前から相談をするものではない。お互いに其處《そこ》へ気が行く」（東京朝日新聞　明治四十二年六月十二日）という具合にほとんど無意識に取引が行われていたらしい。自然と八百長する境地。まさに「あ、うん」の呼吸で八百長するのである。『お相撲さん物語』によると、力士たちは八百長ができるほど息が合っていた。お互い「呑気な師弟の契約」を結んで入門し、「呑気な地方巡業」に出かける日々。その日常は――。

暫《しばら》く語り合つて居たかと思ふ中に「あゝ眠くなつた」と荒角（力士）がゴロリ横になつて晝《ひる》寝《ね》の夢を貪《むさぼ》らうとすれば、他の連中も此所彼所《ここかしこ》へゴロリ〳〵と寝ころがつたので、何んのことはない鮪《まぐろ》の大漁があつた漁場へでも行つたかのやうな観を呈する。何處《どこ》迄彼等は呑気だか知れやうない。

呑気者同士ゆえの八百長。呑気こそ相撲の伝統なのである。

ところが相撲は「国技」とされた。「国技」となると八百長は不正、呑気許すまじと価値観が一転したのである。

力士への非難はこれにとどまらなかった。力士たちは土俵に上がってもなかなか立ち合わず、「待った」も異常に長かったという。観客はその間を利用して売店で買い物をしたり、「三階の廊下を二回一周して、まだ立ち上がらなかツた」（東京朝日新聞　明治四十二年六月九日）ほどだったらしい。勝負の判定も曖昧で、いったん物言いがつくと「卅（三十）分若しくは一時間の長い時間を空費する」（東京日日新聞　明治四十三年六月十八日）。そして力士まで議論に参加した。「力士が餘《あま》りに口が達者で怜悧《りこう》過ぎ且つ検査役が無能であるから駄目だ」（同前）と同紙は怒りの論調で「言語道断」「憤慨の至り」「今日の危機」などと激しく彼らを非難したのである。

それでも国技か、という勢いで、新聞記者は直接、力士たちにその暢気ぶりを問い質している。するとある力士はこうコメントしているのである。


少し場所で働いて新聞で賞めらるゝと夫《そ》れが地方で評判になつて旦那は出来る、藝者には持てる、懐中は温かくなる。木石［分からず屋の意］ならぬ身は堪つたものではありませんからツイ稽古を怠けたり休んだりする。其れが重なつて来て東京へ帰る、場所は十日位で始まるから急に稽古を始める、工合《ぐあい》が悪いから無理な稽古をするので怪我もする胃腸もこはす、胸や肩に膏薬《こうやく》を貼る薬瓶を提げて醫師《いし》へ通ふ。是れ皆怠けの證據《しょうこ》です。

（東京朝日新聞　明治四十二年六月四日）

自分たちは怠け者だから仕方がない、と開き直っているかのようで、こうなると非難にますます油を注ぐことになる。やがて「国技らしくない」という非難は、「武士らしくない」という言い方へと展開した。例えば、「武人として存在した力士の流を汲んで今日ある力士又は武人の気骨がなからねばならぬ。少なくとも其俤《そのおもかげ》を止《とど》むる位の事はなければならぬ」（東京日日新聞　明治四十三年六月二十一日）という具合に。力士たちを追及するには最早「国技」だけでは足りず、「武士道」まで動員されたのである。

相撲は武士道的競技、武士道鼓吹《こすい》だと云ひますが競技者たる力士に武士道的観念がなくて何処《こ》に武士道的競技武士道鼓吹が出来ませう……力士が武士道鼓吹者であるなら昔の武人に習つて恥を知り恥を重ぜねばならぬ。それに何ぞや堂々たる力士が藝娼妓《げいしょうぎ》の玩弄物《がんろうぶつ》となり又は負け相撲が臆面もなく桟敷を廻て贔屓客《ひいききゃく》の前に叩頭百拝する様を見ては恥を重んずる武人の俤《おもかげ》は見出す事は出来ぬ。恥を知らぬ百姓の成り上がりどもの武士道鼓吹呼ばりは実に片腹痛い次第です。

（東京日日新聞　明治四十三年六月二十六日）

彼らは「武士道」を名乗る資格がないと非難された。「国技」同様、本人たちは名乗った覚えがないので、こうなるとほとんど言い掛かりに近い。

ちなみに相撲が「相撲道」などと何やら武士道の一種のように称されるようになったのも、この頃からである。それ以前は「相撲道」という言葉もなく、相撲は武士道からも外されていた。江戸時代に武士道を確立した山鹿素行は相撲を「武家遊藝ノ一」（「武家事紀巻第五十七　雑藝故實」『武家事紀』下巻　山鹿素行先生全集　大正七年）としながらも次のように説明していた。


力ワザハ無下ノ卑シキワサナリ。相撲力クラヘイタシ、身ヲソコネ手足ノ筋骨ヲチガヘテハ不レ可レ然、手足ノ指・肉筋モ、フトクタクマシクナリテ見苦ナト云ニナリ、ツヒニ此藝ヲ不レ用シテ卑職ノ者ノワサトイタセリ

相撲ばかりやると、ケガはするし、手足が太くなって見苦しくなるので、専門家に任せることにしました、ということ。相撲は相撲取りのするもの。「遊藝」の見世物にすぎなかったのである。

江戸時代の国学者、本居宣長によると、もともと大和言葉の「みち」には道路という意味しかなかったらしい。それが中国から「道徳」「天道」「人道」「道理」などに使われる「道」という漢字を輸入して当てはめることで、「大小にかかはらず万《よろず》の事業《ことわざ》を何の道くれの道といひ、雑芸のたぐひまでしかいふことにはなれるなり」（「石上私淑言《いそのかみのささめごと》」巻二『本居宣長集』新潮社　昭和五十八

年)。つまり雑芸に至るまで、ただやっていることを「つきづきしく(もっともらしく)」あるいは「賢しだちたる教へ(賢こぶった教え)」にしようとしたそうである。おそらく「相撲道」もそのひとつだろう。とりあえず相撲も「道」にする。何だかわからないので目の前の力士たちを「相撲道ではない」と非難することで、どこかに「教え」らしきものを浮かび上がらせようとしたのではないだろうか。

いずれにせよ、「国技」も「相撲道」も国技館建設当時に外から貼られたレッテルにすぎず、それは当初から力士たちへの非難として普及した。たまたま「国技館」という名前にしたばかりに相撲は「国技」にされ、「国」を背負うことになった。そしてたまたま「力士」と呼ばれていたので、「力士の稱呼《しょうこ》を以てせることは、昔その属する階級が武士階級であり、又士分として待遇せられたりしことを證明《しょうめい》するものである」(前出『相撲道の復活と國策』)などと、「武士」と勘違いされ、武士道を歩まされることになった。

「国技なのにだらしない」「相撲道の精神に背く」などという言い方は今日にも受け継がれているが、あらためて「国技とは何か?」「相撲道とは何を指すのか?」と考えると何だかよくわからないのも、きっとこれらの言葉が最初から非難のための方便にすぎなかったからなのである。

国技館の命名責任者であった板垣退助は開館直後にこう述べていた。

國技館なんて云《い》ひ悪《にく》い六《むづ》かしい名を附けたのは誠に拙者の不《ふ》行届《ゆきとど》きで今更詮《いまさらせん》なけれど實は式

辞の言句中にある武育館とすれば常設館の性質や目的も明判《めいはん》し且俚耳《かつりじ》にも入り易いのに惜しい事をした。

（東京朝日新聞　明治四十二年六月四日）

彼は「國技館」にしなきゃよかったと後悔していた。要するに命名に失敗したということで、私たちはその失敗を今に受け継いでいるのである。

第七章

総おすもうさん計画

それにしても国技館だから「国技」にすぎなかった相撲が、なぜすっかり国技として定着してしまったのだろうか。

原因は戦時体制である。当時の新聞、雑誌を読み返してみると、昭和六年に満州事変が勃発し、日本が「我が帝国は全世界を相手に対立せねばならぬ」（内田康哉・荒木貞夫著『非常時教本』昭和八年）という戦局ムードが高まってくると、相撲をめぐる言説は無闇に勇ましくなってくる。相撲こそ「国技」。全世界に対立できる「日本精神」を具現化した、我が「国」固有の「技」として持ち上げられるようになったのである。

例えば、『野球界』（博文館）という月刊誌は昭和十八年に名称が『相撲と野球』になり、翌年には『相撲界』に生まれ変わっている。巻頭グラビアページには力士たちの稽古風景。土俵のまわりには多くの力士たちがただ座っており、中にはカメラの方にきょとんとした目線を送る者もいる。私が追手風部屋などで見学した稽古風景とあまり変わりないのだが、写真横のキャプションが実に仰々しい。「若手力士の朝の稽古は壮絶を極める。全身これ闘魂、全身これ肉弾となつて、鍛へに鍛へて行く」「撃ちて止まむの烈々の敢闘精神こそ、また土俵を支配する相撲の精神」「国技報国を旗印に力士たちは」……。(『相撲と野球』昭和十八年四月一日号)

裸一貫褌一丁で相手に対し「前撃精神」で挑む。大日本帝国が敢行すべき「肉弾戦」がまさにここで展開している、というわけなのだった。

国家総動員法が公布された翌年の昭和十四年五月、財団法人大日本相撲協会(日本相撲協会の前身)は竹下勇海軍大将を新会長に迎えた。つまり相撲が正式に軍政下に置かれたのである。その推戴式は国技館の土俵で行なわれたらしい。

土俵に御幣をしつらえ、午前十時より「全員起立」「賜《し》盃奉安《はいほうあん》」「国旗掲揚」「君ケ代斉唱」「賜《し》盃奉遷《はいほうせん》」に続いて、陸軍戸山学校軍楽隊による『国の鎮《しずめ》』吹奏、そして「皇軍将士の武運長久祈願」「戦没勇士の英霊に追悼の黙禱」。そして七十一歳の竹下海軍大将は土俵上で次のような就任の挨拶をした。

相撲、はわが國古来の國技でありまして、今日、かやうに隆盛をきたしましたことはゆゑあるかなと深く感ぜしめる次第であります。……今日未曾有の事變にのぞみまして、東亞新秩序の建設にむかつて國をあげて邁進いたしまするにあたり、あくまで押しの強さを要することは申すまでもありませぬ。同胞悉くが、協心戮力いたしまして、謂ゆる長期建設の覚悟を一層かたくし、忠君愛國の實を擧げますためには、相撲道による心身の鍛錬を最も緊要とするのであります。

（『相撲』昭和十四年六月号　大日本相撲協会発行）

　国家総動員計画とは、国家総おすもうさん計画だった。日本人は相撲を取ることで「心身の鍛錬」に励むことになったのである。「国技」だから。協会はまた「肉弾と肉弾がぶつかり合ひ、土俵の外へ、踵が一厘、爪先が半毛出たゞけでも敗となるやうな、厳酷・苛辣な競技は、相撲をのぞいて、世界中どこを尋ねてもない」（『相撲』昭和十三年五月号）とも宣言しており、日本独自の相撲でこそ大東亜の盟主となれるというわけなのだった。

　国技館だから国技という由来はここで完全に消されている。推戴式に寄せられた祝辞を見ても、「本邦ノ國技タル相撲道振興ノ為……」（陸軍大臣・板垣征四郎）、「相撲ノ淵原ハ、遠ク古代ニ遡リ、良ク我國技トシテ其ノ傳統ヲ今日ニ傳ヘ、國民精神ノ作興、體位ノ向上ニ寄與セル所甚大ナル……」（海軍大臣・米内光政）、そして厚生大臣の廣瀬久忠も「中ス迄モナク相撲道ハ、我ガ國ノ國技デアリ……」と書いている。根拠の言えない「国技」が、いつの間にか、言うまでもない「国技」になっていたのである。

　それまで相撲の起源は、『古事記』にある「国譲り」の伝説、つまり出雲国の支配権をめぐって建御雷神《たけみかずちのかみ》と建御名方神《たけみなかたのかみ》が「力くらべ」をしたこととされていた。あくまで伝説なので「詳《くわしく》は知れないが、……一般に之を以て我國では、相撲の起源と思惟《きめ》てゐる」（北川博愛著『相撲と武士道』浅草國技館発行　明治四十四年）と、みんながそう思っているからきっとそう、と解釈をしていたのであるが、竹下海軍大将はここに新たな解釈を宣言した。

「國ゆづり」のやうな、重大事を「相撲」によつて決したと申しますことは、非常に注意すべき事柄であります。相撲をもつて、この重大事を決する神判《しんぱん》の方途《ほうと》とされましたことは、當時《とうじ》すでに相撲を國技として尊重してをつたことが想察されるのであります。

（『相撲』昭和十五年一月号）

神代から日本では国家的な問題を相撲で解決してきた。だからこの戦局も国民が相撲を「深く體認《たいにん》」（同前）することで解決しようというのである。そもそも「わが國の國體は、相撲によつて、その基礎が固成された」（彦山光三著『生産基力と相撲道』文藝日本社　昭和十六年）くらいだから、戦局も相撲で乗り切れるはずだと海軍大将は訴えたのである。

日本は相撲でできている、というわけで政府はまず全国各地の神社に土俵を築いた。神事であることを再確認し、みんなで四股を踏んで国土の地固めをしようと考えたのである。そして「國技といはれている以上は、すくなくとも男の全部は、相撲をとるやうになつてはじめてこの名がふさはしくなるのぢやないか」（東京市田原國民学校訓導・三上隼三『相撲』昭和十七年四月号）という考えから昭和十七年、相撲は国民学校の正科になった。それまで相撲は遊技の一項目にすぎなかったのだが、体操、遊技と並んで、男子必修の正科のひとつに格上げされたのであった。はじめに「国技」という言葉ありき。「国技」という言葉に実態を合わせることにしたのだ。その周知徹底を期して大日本相撲協会の彦山光三は次のように宣言した。

相撲の本質であるとか、価値とかいふやうな方面については、すでにある程度まで分つているはずなのでありますが、まだまだ、さまざまな夾雑物が入りまじつてをりまして、ほんたうに醇化《じゅんか》されてゐるとは申せませんから、この方面に関する研究も決しておろそかにできませんけれども、大たいわれわれ日本民族の神身錬成のうへにおきまして、相撲はいゝものであるといふことに決まつてをるのでありまして、これに對《たい》しては、どこにも異論はないわけでありまず。それでこれをどういう風にして、より一そう普及徹底させてゆくかといふことに重點《じゅうてん》がおかれることになりますから、これがためには、國民学校の児童をまづ基點《きてん》として、それから中等学校、青年学校生徒におしすゝめてゆくのが順序であると存じます。

（『相撲』昭和十七年四月号）

相撲の価値や本質はよくわからないが、「国技」といわれるくらいだから「いゝもの」に決まっている、というのである。かなり乱暴な論旨であるが、実際、文部省体育研究所の大谷武一などの発言を読んでみると、ある時は相撲の教育的価値を「裸で行はれるといふこと」（『相撲』昭和十七年三月号）に置いている。直接空気に晒されることで皮膚も鍛えられるし、「空気、日光、土及び水に親しみ得る結果」（同前）になるのだと。しかしその一方で彼は、相撲で大切なのはあくまで「押し」なので、裸になる必要もなく、褌も「必ずしも必要で無いといふことになり、普通の服装ででも相撲はとられることになる」（『健民への道』育英出版　昭和十九年）などとその手軽さに価値を見いだしたりしており、文部省でも相撲の何が教育的に「いゝ」のかよくわかっていなかったのである。そこで彦山光三は普及法についてこう提案していた。

なにごとによらず効き目がはつきりしてくると、みんなが注意するやうになり、研究するやうになり、実践するやうになるのです。たとへば昔宗教をひろめるのにも、まづ醫術《いじゅつ》によるとか、ときに魔術によるとか、布教には、はじめから幽玄な思想を説いたり、難解な教義を述べたりするよりは、薬を與《あた》へたり、病気を癒《なお》してやつたり、場合によつては、これはよくないことだが眩惑《げんわく》したりするといふことも承《き》いてゐますが、小乗的ではありますが、とにかく最初になにか効き目をしめし、効果を現はすといふことが、認識を深めるうへには捷径《しょうけい》（近道）ぢやないかとおもふのです。浅薄な話だけれども、これはやむを得ないことであり、閑却《かんきゃく》できないことと存じます。

（『相撲』昭和十七年四月号）

教育的ではなく宗教的。相撲を普及させるには、宗教を見習ってその「効き目」をアピールし、場合によっては国民を「眩惑」することも必要になると提案したのであった。

大日本相撲協会は相撲の「効き目」を確認すべく、府内の国民学校の校長や訓導を招集した。相撲を取ると生徒たちにどんな効果が出るのか。教員たちの指導体験報告会である。

まず報告されたのは、相撲を取ると「体格が変わる」ということだった。牛込国民学校校長の芥川準一郎の話――。

相撲をやつたものとやらなかつたものを調査してみますと、肩甲骨や背骨の異常なものが癒《なお》つてゐるのです。胸骨の異常なのは容易に癒りませんけれども、肩の骨などは癒つて、肉つきがよくなつてさうとうのものになるのをみますと、二年のあひだによい身體《からだ》にしたてるうへに相撲が大きな役割を演じてゐるのぢやないかとおもひますね。材料をもつてきてをりませんので、その詳細を公表するわけにはゆきませんが、そんなやうなわけです。（同前）

相撲をやると立派な体格になるという。しかし王高国民学校訓導の小林兵一によれば、相撲とランニングを比較した場合、高等一年までは「ランニングをやつた生徒の方が体格がよかつた」が、二年経って卒業時になると「相撲をやつた子供はピラミツド型にどつしりしてきますが、ランニングをやつた子供の體は、三角形をさかさにしたやうな不均衡なかつこうになります」（同前）とのこと。体格の善し悪しというより、相撲をすると相撲取りに似てくるようなのである。

いずれにせよ、体格については科学的根拠に乏しく、効用は今ひとつはっきりしなかった。そこで報告会の重点は「精神」におかれることになる。例えば、小河内国民学校の小澤彌校長は相撲をすることで、ある子供は「非常に暢気《のんき》」だったのが「まるで人間が変わつたやうにおもはれる」。どう変わったのかというと、「注意力が非常に増してまゐりまして、教師のいふことを真剣に学ぶといふ態度ができて……副級長になりました」。相撲のおかげともいえるが、たまたまそうなっただけかもしれず説得力がない。そこで小澤校長はこう続けた。

それから学級を比較してみましても、すべてにおいて成績のよい学級は相撲も非常に熱心によくやるのですが、あまり熱心でない学級は、相撲に比例して他の成績も悪いやうです。その點は個人的に検討してみても、それがはつきり解りますが、これは訓育上非常に重要な點だとおもひますので、今後ます〳〵力を入れてやつてゆきたいと考へてをるやうなわけであります。（同前）

学業の成績がよいクラスは相撲も熱心だが、成績の悪いクラスは相撲もあまり熱心でないという。相撲に熱心になると成績がアップするというなら相撲の効用といえるかもしれないが、これでは相撲はあくまで付随するものにすぎず、大切なのは学業ということになってしまう。

出席者の中で最も指導熱心だったのは京橋区第三青年学校指導員の間瀬義雄だった。実家が柔道の町道場だという彼は、同校に赴任するとまず国技館を訪れて佐渡ケ嶽親方に教えを乞い、土、日曜日も返上して生徒たちの相撲指導にあたった。「相撲のほんたうの精神」を教えようと意気込んだらしいのである。その結果どうなったのかというと、本郷区第三青年学校から挑戦を受け、「われわれが勝つた」のだという。そしてその三カ月後、同校から「来征していたゞきたいといふ招請状を頂戴した」らしい。

それで、そのとき私は演壇に立ちまして、一般の生徒を集めてかう申しました。先だつて本郷区第三青年学校を迎へて戦つたあの勝負は、いはゞ日本海の海戦で、我が聯合艦隊《れんごうかんたい》がバルチツク艦隊を迎へて、これを正々堂々正面切つて撃滅したやうなものだつたが、こんどはこちらからすゝんで敵の根拠地に乗り込んでこれを倒すのである。いよ〳〵われわれの今日までの練習の成果を発揮する戦ひであるから、これはひとり相撲部だけの問題ぢやない、学校全體の諸君の名誉の問題であるといふことを申しまして、全體の応援を頼みましたところが、そのときの全生徒の拍手、応援ぶりといふものは實にわれ〳〵の豫想《よそう》以上に白熱したものでありまして、全生徒が校門を出て、われ〳〵選手——二十名でありましたが、これを送つてくれたのであります。

（同前）

だから何だというのだろうか。相撲を教えることで、生徒より本人が精神的に高揚し、その甲斐あって同校は東京府の相撲大会で優勝したらしい。早い話、相撲を教える効用は相撲が強くなる、という実に単純なことなのであった。

相撲の「効き目」について語り合うと、相撲自体には特別な「効き目」があまりないことが次第にわかっていくようなのである。

報告会では、むしろ教員たちの困惑が次々と報告された。そもそも彼らが相撲を教えようとすると「俄然インテリ華奢な母姉たちは是非の文句を放つた」（『相撲』昭和十七年三月号）らしい。なぜわざわざ学校で相撲を教えるのか、と顰蹙を買ったのである。小澤彌校長も指導にあたり、自分自身が「しつかりした信念をもつてをらないために『なんだ相撲など……』といふやうなお話を耳にしますと、そこで自分の考えがぐらついてくるといふやうな傾向がある」（『相撲』昭和十七年四月号）と告白していた。東京市視学員の細川熊蔵も「生徒が相撲取るのに、私ども取つたことはありましたが、すぐゆきつまつてしまふ。組んだが、そのあとどうしていゝか解らない。それで無理をすると、腕でも折れさうな危ないことに陥りさうでどうもならん」（同前）。父兄からはあれこれ言われ、本人たちも相撲の何が「いゝ」のかよくわからない。小河内国民学校では苦肉の策が取られていた。

私の学校では、指導者といひましても、たつた一人ですが、その一人を選びますときに、生徒から尊敬を受けてゐる人、それから父兄からも尊敬を受けてゐる教師を一人選びまして――もちろんその先生は相撲については未経験なものです。さうでありませんと、「また一般の運動などと一緒に相撲など学校でやつて……」といふ父兄からの誤解や、児童もそちらの方へついてこないことがあるといけません
（同前）

相撲指導の先生はあらかじめ尊敬されていることが不可欠。つまり相撲自体に価値はなく、既成の人間関係に便乗するしかなかったのである。

なぜ相撲指導は困難なのか。

問題は相撲に対する父兄たちの偏見、さらには大日本相撲協会がこれまで積極的に指導してこなかったからだ、と指摘する声も上がり、論点はいつの間にか相撲界の批判となった。すると協会を代表して理事の佐渡ケ嶽高一郎が登場し、「社会が相撲を興味本位に考えてゐるといふやうな考へかたの結果から、協会としてはその指導をさうたうやらうとおもつてはゐるが、目にみえないものによつてそれを抑へられた」と言い訳をする。さらには「（社会に）相撲取は賤《いや》しいといふことがどこかにこびりついている」からだとまで訴えると、「私はさう思ひませんね」とある先生に一蹴される。なぜなら子供たちは自然に相撲を取っているではないか、と。相撲は日本人にとって「自然の発露」なのだという意見が出されると、それを認めてしまうと教えることがなくなってしまうのではないか、と議論は堂々巡りに陥っていった。

察するに、相撲の普及が難しい原因は「子供をなにも指導せずにそのまゝ捨てゝおいても相撲を取る」（前出、芥川準一郎）ということだったらしい。つまり、普及せずとも子供たちは相撲を取っていた。相撲は「日本魂」というより、「あまりに日本人的」（報告会に出席した読売新聞体育部・江馬盛）なもの。すでに普及しているのに、「国技だから」と普及に取り組むと、取り組む姿勢ばかりが空回りしてしまうのであった。

第八章 戦争でも「待った」

国家総おすもうさん、ということになると、力士たちは自ずと「日本魂」や「前撃精神」のお手本になった。新聞やラジオを通じて、彼らのように戦おう、と熱い視線が注がれるようになったのである。例えば相撲ファンの作家、舟橋聖一は相撲観戦中に酒を飲むことを止めた。なぜなら「大東亜戦争が、我が國未曾有の大戦争であると同様、相撲も我が國はじまつて以来の、最も眞劒《しんけん》な、最も厳粛《げんしゅく》な本場所であるにちがひない」（「サンデー毎日」昭和十七年一月十八日号）から。

さらには――、

決戦下の我が日本國民は、どこにゐても、何をしてゐても、この通り、緊張し、この通り、英氣に充ちてゐる。……國技館にゐる、誰一人でも、頽廃《たいはい》してゐるものはない。みな、堅く、腹帯《はらおび》をしめてゐる。それは、砲煙弾雨《ほうえんだんう》のなかにゐるときと、同じだけの、白熱した國民的感情である。

（同前）

腹帯を廻しに見立て、国民一丸となってパンパン叩いて気合いを入れる勢いなのである。竹下海軍大将が大日本相撲協会の会長に就任した直後、国技館で夏場所が開かれた。当然、力士たちの肉弾戦、敢闘精神ぶりが期待されたはずなのだが、『相撲』（昭和十四年七月号）に掲載された力士たちのコメントは相変わらず呑気だった。十八人中そのほとんどが、「体の具合が悪かった」「稽古不足だった」「稽古しなかった」「気分的に不十分」「場所は疲れる」などという言い訳のオンパレードなのである。例えば鹿島のコメント――。

　左足の故障になやみました。足首の筋が弛《ゆる》んだのですが、前に出ようとするとき、こいつは工《ぐ》合《あい》の悪いものでした。それにも況《ま》していけなかったのは臀部にできた腫物です。さういふと、何だか負け越したのは、そんなものゝせゐばかりのやうですが、勿論、そのためにばかり敗けたとは思つてゐません。敗けるときはしかたがないものです。

反省しているようで反省していない。他の力士たちも、戦いを省みるというより胃腸の具合が悪い、膝が痛い、脚気、盲腸炎などそれぞれの病状を省みるばかりなのである。場所前に風邪をひいたという磐石などはこう語っていた。

ふとした風邪がもとで四十度の発熱でした。場所前だけに驚いて養生をいたしましたところ、幸ひに場所直前には熱もひき、ほとんど恢復《かいふく》いたしました。これならば何とか踏んばれる、有難いと安堵したやうなわけです。さて場所に臨んでみると、何としたことでせう。力士が場所前に高熱を出したら、たとへ、その熱が下がつたとて、暫くの間は、場所一番の相撲は駄目なのを痛感しました。腰に力が入らぬのが一番致命的の打撃でした。本當《ほんとう》に元気をとり戻したときには、もう、千秋楽が目の前に近づいてゐました。

気がついたら千秋楽。まるで他人事のように呑気である。では病気でなければ頑張れるのかと思うとそうでもない。鶴ケ嶺などは、

比較的元気だつたので今度（今場所）は働けさうだと考へたのでしたが、意外な不振にがつかりしました。この不振の因がどこにあつたか、自分でも分からぬのです。強いて申せば、相手が強すぎたのでせうか。

病気でなければ相手のせいにするのである。中には笠置山のように、場所が終わると相撲関係の催物が多いせいですっかり疲れてしまい、「食事するのが漸《よう》くで、一日床《とこ》にごろ〳〵してゐた。

その後も多忙な日を過ごしてゐるために、静かに夏場所を反省してみる時もなく」などと、ごろごろしていたのに反省する時間がないとわけのわからない理屈を訴える力士までいたのである。

実は疲れやすく病弱な力士たち。羽黒山のように、病弱であることを利用して、ネオネオギーという滋養強壮剤の広告に出て、胃腸が弱くてもこれで「堅く肥る」と力こぶを見せたりする力士もいたくらいである。ちなみに大日本相撲協会は、力士の九割が徴兵検査に合格したと発表した際にも、「多少の不安がないわけではなかつたのであります。しかし実際形のうへにあらはれた数字をみて、われわれはまずよかつたといふ安堵のおもひを強くするとともに邦家のためにまことに同慶に堪へないのであります」(『相撲』昭和十九年八月号)と正直に述べていた。御国のことより自分たちの安心感を優先するほど、彼らは体力に自信がなかったのである。

では、横綱たちはどうだったのだろうか。横綱・大関は力士の鑑《かがみ》。彼らこそ「日本精神」の権化といってもよいはずである。

昭和十二年十一月、国技館内にある大日本相撲協会取締室に当時の横綱、大関が招集されていた。彼らはいかにして道を切り開いたのか。様々なエピソードを通じて気魄あふれる相撲道をPRしようという座談会が企画されたのである。出席した力士は以下のとおり。

横綱　玉錦三右衛門

横綱　男女ノ川《みなのがわ》登三

横綱　武蔵山武
横綱　双葉山定次
大関　清水川元吉
大関　鏡岩善四郎

司会役を務める『相撲』（大日本相撲協会発行）編集人、彦山光三がまず挨拶。そしてそれぞれの力士に、相撲道に入った動機についてたずねた。「斯道発展のため……今のうち、はっきりしたことを発表しておくべきだと存じます」（『相撲』昭和十三年一月号）とひと言添えて。「運命が、そのとき展《ひら》けた」のだからと。

横綱・玉錦は十五歳で相撲部屋に入門していた。「その頃から、（相撲が）お好きだったのですか？」と彦山がたずねると彼はこう答えた。

私が入つたときは、何分、小さかつたので、さあ好きだと云へば好きだつたし、嫌ひだと云へば、嫌ひだつたし、何と云つても、子供のことだからなあ、はつきりした気もちはありませんでした。（同前）

いきなり、はっきりしない回答。同様に双葉山にたずねても、「たゞ周囲から、勧められるまゝになつた」だけだと言うし、武蔵山も「しまひにはお母《ふくろ》がその気になりましてね」と本人の意志でないことを強調したりする。そして男女ノ川は、家の近所に力士一行が保養に来ており、行ってみたらビールを御馳走になり、「相撲取といふものは、何といふ気分の好い」ものかと思ったことが入門の動機だと、相撲よりビールに釣られたことを告白した。鏡岩に至っては「私は（相撲が）嫌ひでしたが、何でも行け行け（笑聲）と云ふやうなことになつた」とやむを得ず力士になったと笑う始末。かろうじて清水川だけが、彦山に「好きでもつて、進んでおなりになつたわけですな」と事前に念を押され、やっと「まアさうですね」と同意したのであった。

いずれも気の抜けた動機だが、入門すれば厳しい修業の日々のはずである。そこで彦山が質問を変え、彼らに修業中の「まざまざ思ひ出すことができるやうなこと」をたずねると、再び玉錦が話の腰を折った。

私は、入門してすぐには稽古しませんで、休んでゐました。それはあまり、稽古したりすると肥らないと云はれますので……。（同前）

相撲は休んで太ることが大切。怠けることと何ら変わりがないのである。「辛いことばかり、多くてね」と答えた男女ノ川も、何が辛いのかというと「とくべつ苦しいと云ふことは忘れちまひました」と肝心なことを忘却していた。そして思い出されることとして、小遣いが少なかった、人力車に乗れなかった、部屋での晩酌が毎晩深夜まで続き付き合いが大変だった、という具合に、彼らの話は次第に道楽者の愚痴のようになってしまい、彦山が「稽古は如何です？」と軌道修正しようとすると、再び玉錦がひと言。

今は楽だよ……ほんとに、今は楽だ。（同前）

相撲道は楽な道だと明言していたのである。座談会はやがて彼らの趣味である浪花節、活動映画、鉄砲打ち、そして「好きな食べ物」談議に展開し、最後は玉錦と鏡岩の次の会話で締めくくられたのであった。

玉錦　私は、何が好きと言って、鰒《ふぐ》が一番好きだ。
鏡岩　私は、油の少ないものが好いね。（同前）

相撲ではなく鰒が好き。一体何のための座談会だったのだろうか。横綱男女ノ川の言葉を借りれば、その目的も「忘れちまひました」ようで、呑気さにおいても彼らは最高位なのであった。

力士たちは国民精神総動員実施要綱に基づき、様々な奉仕活動に駆り出された。協会のいう「正心誠意の迸《ほとばし》り」、「はだかをもつてする御報効《ごほうこう》」。軍や工場などへの慰問、「出動将兵遺家族慰安大相撲」の開催、そして戦闘機「相撲号」を献納し、毎場所勝ち星ごとに与えられる特別賞与を陸軍省に出向いて献金した。彼らは国民の先頭に立って「尽忠報国」したというわけなのだが、当時の記録を読むとやはり様子が妙なのである。

例えば、昭和十三年八月の四日間、力士四十三名が帝都青年勤労奉仕団の一部隊として東京・戸越公園での地ならし作業に参加している。相撲部隊の団長は佐渡ケ嶽親方。午前五時半に協会に集合し、現地で学生義勇軍と合流する。そして丁髷に廻し姿で整列して国旗掲揚、国歌斉唱、宮城遥拝の後、午前八時から公園の築山《つきやま》を崩して、窪地を埋める作業だった。力士たちにとって力仕事は得意なはずなのだが、指導係の根岸親方がこう不安を述べている。

この度の勤労奉仕で自分の一番心配したことは、第一に団体訓練と言ふことに縁の遠い力士等が、小隊長やら、分隊長の指揮でやつて行けるかどうかと言ふことであつた。

……第二の心配は無言でコツ〳〵仕事をやることであつた。常に稽古場や巡業先で、ざわ〳〵さはぎながら仕事をしてゐた連中が黙々と一つの仕事をすることのむづかしさが懸念された。

（『相撲』昭和十三年九月号）

普段怠けているのに大丈夫かと親方は心配したのだった。同誌に掲載された写真を見ると、天秤棒を担ぐ力士たちは何やら楽しげ。根岸親方によれば、彼らは「労働の尊さをつく〴〵と感じ得た」らしく、感じ得るあまり、公園の外の見物人たちを指差して、「見物ばかりしてゐずに、自分等と一緒に働いて見たら良からう」「働いた後のうれしさは何とも言へぬ喜び」などと口走ったそうだ。そして根岸親方も安心したのか、公園の一角に土俵場を築いて任務遂行を「永遠に記念したい」と提案したのである。

力士も呑気だが、親方も呑気。信州の工場で鉄材をトラックに積み込む作業に「増産勤労挺身」した横綱・羽黒山などはすっかり「へとへとになり」（『相撲』昭和十九年十一月号）、この時初めて「力がはいりきつたといふのはこんなことでありませう」と感心したりするのであった。相撲では力を出し切ったことがなかったのだろうか。工場では労働の後に皆の前で慰問相撲を取ることになっていたらしいのだが、大関・照国はこう困惑していた。

何しろうちの親方（伊勢ケ濱）は挨拶のときにはどのやうな場合にもかならず、相撲は眞劍《しんけん》一途《いちず》に有りつたけの力を出し切つて取ることが神さまに對する道であります……どうか皆さん有りつたけの力を出してしごとに励んで下さい、私たちも有りつたけの力を出して土俵場をお勤めいたしますから——といふ風に申述べるものでありますから、私たち力士も好《い》い加減の相撲を取るなどといふことはおもひもよらないのです。（同前）

手を抜こうにも、親方が工員たちの前で「有りつたけの力」と執拗に繰り返すので、手が抜けなくなってしまうと嘆くのであった。

呑気にもほどがある、と言わんばかりに興行的な相撲を反省し、「決戦相撲體勢」などと声高に訴える力士も現れた。笠置山（前頭）がその典型で、彼は「過去の自ら喰はんが為めの相撲興行から相撲を通じて御奉公せんとする相撲報国に轉じた」（同前）と決意を大仰に語った。しかし「相撲報国」とは何かというと、本人曰く、

それは喰はんが為めの相撲でなく、相撲に依つて國家から食べさせて頂くことである。國民として為すべきことを為して生活の保証を與へられるのである。（同前）

観客やタニマチではなく、国家から「食べさせて頂く」相撲道。依存先が替わっただけで、〝ごっつぁん精神〟に変わりはなく、相手が国家である以上「決戦體勢」でごっつぁんしなければならぬ、と訴えたのである。ちなみに昭和十三年に力士代表として応召され、親方から「御国の花と散れ」と激励を受けて「相撲道の精神を精神として御奉公しなければならぬ」と戦地に赴いた九州山（前頭）も、まず「入隊したとき困つたのは、ご飯の問題」（『相撲』昭和十五年十月号）だとこぼしていた。彼はアルミニウムの器に盛られた粗末な食事が喉を通らなかったらしく、相撲道も食べなければ歩めないかのようであった。

果たして、これが本当の「相撲道」なのか？

国技館設立時と同じように、やがて力士たちは非難を浴びるようになった。その急先鋒となったのが衆議院議員の藤生安太郎である。彼は自著で相撲こそ「純粋の武道」（前出『相撲道の復活と國策』）と位置付け、大日本相撲協会の相撲は「余興的見物本位」、力士は「一種の芸人」だと糾弾した。さらには現行の相撲は体重の争いにすぎない、そもそも力士たちは国家が要求している体力検定型体型とはまったく違う「あんこ型」体型ではないかとも訴えた（昭和十七年一月の國民體力法改正案審議委員会）。国民は痩せる思いで頑張っているのに、力士たちはデブではないかと。

そして最も武道らしからぬこととして「待った」を攻撃したのである。

仕切《しきり》の構へは「サア来イ」の構へでなくてはならぬ。すでに戦場に於て、敵に相對《あいたい》し「サア来イ」と言って構へ（仕切）たるにも拘はらず、敵より仕掛けられて「待ツタ」などとはかりそめにも武士の執《と》るべき態度ではない。また實際に白刃を提《ひっさ》げて眞劍勝負に臨んだ場合、自分の「サア来イ」の聲に應じて切り込んで来た敵に對し「待ツタ」と言ひ得られるものでもなく、又敵が待つて呉れるものでもあるまい。

（前出『相撲道の復活と國策』）

言われてみれば確かにそのとおりである。「さあ来い！」と言って相手が出てきたら「待った」と止めるのは、武士道以前にコントに近い。当時の相撲は「待った」の連続で、それを真似ると戦争に負けてしまうと彼は危惧したのであった。

この指摘に対して大日本相撲協会は猛然と反論した。この「待った」こそ相撲道の神髄なのだと。


對手《あいて》の「待つた」を快くゆるすほどの武士道的の床《ゆか》しい寛懐のもとに、確信に満ち〳〵た気《き》魄《はく》と、精力をもつて、相撲を演練《えんれん》すべきであつて、「待つた」をされて、気が萎《な》え、力が抜けるごときは、むしろ、大いに排撃すべきであらう。國技相撲の真意義は、つねに正解されなければならない。

(『相撲』昭和十四年十一月号)


「待った」で力が抜けるようでは相撲道ではない。相手に「待った」を許してこそ相撲道。自分勝手ではなく相手のことも考えるのが真の相撲道だという。文献類を見る限り、もともと彼らはそう主張していたのではなく、言われたから言い返したようで、部外者に言われたから思わず「待った」をかけた様子なのである。

いずれにせよ協会側の言い分は、これまでの日清、日露戦争、そして満州事変や支那事変での勝利も「皇軍―皇國は、あるひは十年、あるひは五年、隠忍《いんにん》し、自重《じちよう》し、臥薪《がしん》し、嘗胆《しようたん》した。これは、仕切《しきり》である。もしくは、仕切《しきり》なほしである。もちろん待つたをしなければならないときには、かならず敢行《かんこう》した」(『相撲』昭和十七年一月号)。つまりこれまでの戦争も「待った」してきたから勝てたのだと反論したのだ。相手に「待った」をされても揺るがない寛容の精神こそが相撲道だったはずなのに、自分ばかりが「待った」をしているのが気になるが、「待った」は「待った」。大本営陸軍報道部長陸軍少将の谷萩那華雄もこの考え方を受けて次のように発表した。

仕切りとなり、気合せざれば仕切り直し、待ったが繰り返されるその期間に微妙に閃く心術の動きを見ることが、相撲を鑑賞する上に最も大切な見どころであると聞いてゐる。これを戦争にたとへてみれば、両軍相撃って雌雄を決する、その決戦の以前、つまり今将《まさ》に両軍相撃たんとする寸前の、周到な戦備を整へ、綿密な戦術を練り、敵を知り、己れを識る極致に達した時、すでにその勝負は闘はざるに決すると云つてもいゝ。

（『相撲と野球』昭和十八年四月十五日号）

谷萩陸軍報道部長によれば、戦争とは闘うことではなく「待った」をかけること。「待った」を繰り返しながら、相手の様子をうかがい準備をひたすら整えれば、闘わずに済む。戦争すなわち「待った」。まさにおすもうさんのスタイルが戦争に応用されたのである。

第九章

大東亜相撲圏

満州、中国、そして南方へ。大東亜共栄圏を建設すべく日本が占領地域を拡大するのに伴って、相撲もアジア各地にひろめられていった。いうなれば大東亜相撲圏。占領の印として各地に土俵が築かれ、相撲が取られるようになったのである。

満州国では昭和十四年から満州場所が開かれた。力士たちは国技館での夏場所を終えると、大阪に移動して関西甲子園特設相撲場での巡業、その最終日の翌日に神戸港を出航して満州に渡り、鞍山、撫順、奉天、ハルビンと移動し、最後に首都の新京で相撲を取る。日程を合計すると十五日間になるので、これを総称して「満州場所」と呼んだのだった。

大日本相撲協会は開催にあたって「相撲における精神方面を重視」することを決定し、観客に次のように記されたパンフレットを配った。

大相撲を御覧になる際には、単に相撲の技を御鑑賞下さいますのみではなく、同時に、相撲の精神方面をも、十二分に御吟味願ひたいのであります。
相撲精神は、つまり、日本精神が、相撲のうへにあらはれたものでありまして、その根本におきましては、何等変わるところはありませぬ。日本精神は、御承知のとほり、清く、明《あか》く、正しく、直く、強い心情をもつて、一旦緩急《いったんかんきゅう》の大事にのぞみましたならば、天皇陛下の御《おん》ため、御國《おくに》のため、潔く、敢然《かんぜん》死に就くことを基幹としてゐるのでございます。……（以下、相撲が神代から日本の「国技」であったという記述が続く）……つまり、土俵場の創設以来、土俵場外を奈落《ならく》とし、土俵場外に出されることは敗《はい》であることは勿論、その敗は、死にあたる。勝利ををさめ、生を全うするためには、對手《あいて》を仆《たお》すか、奈落である土俵外に出さなければなりませぬ。前撃・突進して、對手をできるだけ、速かに、土俵外に出す技法が工夫され、発達いたしました。前撃・突進することは、そのまゝ皇軍の戦闘精神でありまして、一たび、戦場に立つたならば、断じてあとへは退かぬ、たとえ退く場合があつても、退《しりぞ》くとは申しませぬ。背進《はいしん》と称しまするのも、この精神を尊重するからでございます。

（『相撲』昭和十四年七月号）

相撲のようにひたすら前に出ることが「皇軍の戦闘精神」だと説いているが、注目すべきは最後の一節。たとえ後ろに下がっても「退く」とは言わずに「背進」と呼ぶ。背面方向に前進すると言い換えるのだ。ちなみに相撲用語で「押《お》す」は「忍《お》す」に通じるとされている。つまり、前へ出ずにじっとしていても「おしている」と解釈できることが、すなわち相撲精神なのである。例えば、この場所に出場していた笠置山は一カ月前に腰を痛めていた。そして番付発表の前日に右人差し指の第二関節を脱臼。そのせいで稽古もできず、「土俵に上がると、気ばかり焦つて身體が少しも動かないのに驚いた」（『相撲』昭和十五年六月号）りした上に、「今の私には、無理も、強引も出来ない。またさうした相撲に興味もない」（同前）などと開き直っていた。やる気がないのか？　と訊きたくなるが、当時の新聞記者たちはこの境地を明快に解説していた。「自分は風邪を引いてゐるけれども、無理して出てゐるのだといふやうに感じられるやうな態度」（都新聞・原三郎談『相撲』昭和十五年五月号）で土俵に上がる。そして「土俵場には出てゐるが風邪を引いてゐるんだぞ」（日本放送協会・山本照談同前）と強調しながら相撲を取る。相手ではなく、自分の具合悪さを「おす」相撲。果たしてこの微妙な精神は、外地で理解されたのだろうか。

満州場所での観客の反応について、笠置山が次のように報告していた。

第一に感じた事は観客が、まだ相撲を知らないと云ふことであつた。昔の草相撲か、花相撲と称されてゐる類の相撲程度しか知らないと云ふことであつた。力士が土俵に上がる前には拍手もし、聲援《せいえん》もしてゐるが、勝負が終ると、拍手も聲援もない。餘《あま》りにあつけない勝負であつたからである。現に自分の泊まつてゐた家の主人も云つてゐた。皆あつけない勝負ばかりで、飛付もなければ初切《しよつきり》もないと云つていた。

（『相撲』昭和十五年十月号）

仕切りが長い割に勝負があっという間で、観客は退屈してしまったのである。実は協会内でも、この仕切りの長さを外国人に理解させるにはどうすればよいのかと議論が重ねられていた。かつて仕切りを英語で「エントランス・セレモニー」と訳したこともあったらしいが、こうすると入場式の意になってしまい、取組のたびにそれぞれの力士が何度も入場式をするのはおかしいことになる。そこで協会は新聞記者を集めてアドバイスを求めた。すると「見せるよりわからせるやうにしなければいかん」（報知新聞　加藤進）という教育的側面を重視した意見が出され、ではどうすればわからせるようにできるかと議論するうち、「とにかく、世界中で競技者同志の気の合つた時立つと云ふやうな勝負はどこを探したつてありやしない。かう云ふことはわかりにくいと思ふ。それから行司が審判官であるのか、検査役が審判官であるのか、わからん」（朝日新聞　植村陸郎）などと、外国人に教える前に自分たちもよくわかっていないことを確認してしまい、終いにはそもそも行司に構わず力士が立つのは順番が逆ではないかという疑問まで出され、協会を代表して司会役の彦山光三がこう答えていた。

はじめはさうぢやなかつたんだがね。だん〳〵あゝなつちやつたんだね。

（『相撲』昭和十三年二月号）

相撲は教義に基づくものではなく、「なっちゃった」もの。なっちゃったものは仕方がないわけで、外国人に見せる「相撲のうへにあらはれた日本精神」にも、あきらめの心情が漂ってしまうのであった。

大日本相撲協会の「場所」とは別に、軍隊内では相撲が奨励されていた。名付けて「陣中相撲」。戦陣の中で兵士たちが相撲を取るのである。昭和十四年当時、中国に駐留していた陸軍主計中尉、佐藤観次郎が次のように報告していた。

僕達が行つた武昌《ぶしよう》、漢口《かんこう》や黄陂《こうは》、京山《けいざん》、應城《おうじよう》その他到る所に、ちよつと駐留になると、何處《どこ》の部隊でも必ず相撲が行はれます。俵に土を入れて、砂が十分ありませんから、土を掘り返して、すぐそのまゝ土俵にしてしまふのですが、兵隊達は感心に、土俵に必要な装飾は、誰が持つてくるのか知らないが、實に立派に出来上るのです。僕はその點、こんな前線で、どうしてこんなに早く造るのか、そして、内地でやる草相撲場よりも立派なのが、こんなに造作なくできるものか、とつく〴〵感心します。

（『相撲』昭和十四年十一月号）

こんな前線でなぜこんなに立派な土俵をこんなに早くつくれるのか、と彼は驚嘆している。何やら相撲を取るために進軍しているかのようで、駐留が長くなればなるほど相撲は「徹底的」に行われたらしい。水と清めの塩の確保に難儀しつつも、兵士たちは土俵のまわりに見物席までつくる気合いの入れよう。連日部隊内での大会形式で、時には他の部隊からの飛び入り参加もあり、「大きな景品をとられて、主催者も目をパチクリしてゐるやうな」（同前）こともあったそうである。その姿に佐藤中尉は「（兵隊たちは）相撲をやれば積極的になり、競技中は殆ど休む暇もなく取り續けましたが、實に愉快な感じで、みんな和気《わき》藹々《あいあい》たるものがあり、さすが日本の國技だけあると感じました」（同前）と感動していた。竹下海軍大将のいう「心身の鍛練」というより、みんなで愉快に盛り上がれるから「國技」だったのである。

当時、修水戦線（江西省）の毛狗熊《もうくゆう》集落に駐留していた東京朝日新聞の河合政記者も「相撲そのものはまるで前線勇士らの生活の一部の様になつてゐるために、何處へ行つても暇ある毎に相撲が行はれた」（同前）と報告している。戦障はまるで相撲場所という様相で、彼などは両国での本場所が始まると、本社から無電で取組の結果を入手し、毎晩十一時に宿舎の前に貼り出していたという。それを見るためにわざわざ前線から馬やトラックで駆けつける兵士もおり、彼は星取表づくりや勝負の予想に追われたらしい。こうして場所中のような毎日を送るうち彼は次第に「野球とか、陸上競技の様なものが、何となくバタ臭く感じられる」（同前）ようになったそうだ。

兵士たちは相撲を通じて「日本魂」を確認していたのだろうか。これが戦地における「国威発揚」なのだろうか。前述の佐藤中尉がこう続けていた。

陣中では、戦争が終ると、少しの退屈凌《しの》ぎに困るのです。気分の転換に、兵隊に異なつた気持をもたせて、しかも、今迄の張切つた心持を維持させるのは、矢張り相撲が一番良いやうです。土俵さへあれば、すぐ取れるのですから、大変楽なものです。従つて、何處へ行つても、何かやるとなると、すぐ相撲をといふことになるのです。……戦地は、内地の方々が想像され、今まで自分達自身も想像してゐたやうに、さう毎日塹壕や山上の警備にのみ終始してゐるのではありません。其處《そこ》には又、想像し難い苦痛と、一面また、戦場心理といふ、明るい且つ呑気な反面もあります。さうした一面を助けるものとして、相撲や野球などは、なんと云つても皆が喜ぶ競技でせう。自分の凡《すべ》てを忘れる境地に入れるものとして尊ぶべきでせう。（同前）

相撲は退屈しのぎ。明るく呑気な「戦場心理」を相撲は助長したのである。「心身の鍛練」ならぬ呑気の享受。なんでも相撲を取ると愉快な気分になり、「全く異境の地にあつて、戦争に来てゐることさへ忘れるやうな感じ」（同前）がするほどなのであった。

土俵は占領地に描いた日の丸、という勢いで日本軍は土俵を増やしていったのだが、昭和十六年に台湾で開催された第一回相撲大会で衝撃を受ける。台湾は日本の植民地統治の端緒。日清戦争（明治二十七〜二十八年）で日本の支配下に入り、以後総督府が直接統治にあたっていた。台湾には中国から移民した「本島人」以外に言語や習慣の異なる様々な原住民たちがおり、彼らが対立していたために反日運動が起こりにくく、おかげで統治が容易だったといわれている。

相撲大会は部族（当時は「蕃社」と呼ばれていた）の対抗戦だった。参加を希望する蕃社が殺到したが、開催地である花蓮港廳理蕃当局が十二蕃社に限定したらしい。何しろ「異種民族間の垣《かき》の厳重さは想像以上で、それがために對抗《たいこう》となるとまかりまちがへば、血を流さぬとも限らぬ、恐るべき闘争意識」（『相撲』昭和十六年十二月号）だったからである。開催地のエカドサン蕃社は蕃社の老若男女全員が応援に駆けつけたらしい。ブスリン蕃社は日の丸を振って応援、カウワン蕃社に至ってはこの日のために音楽隊まで繰り出したそうである。

大会が始まると、部族代表の選手たちは日本人に習ったとおりに恭しく敬礼し、四股を踏み、力水を受けて塩をまいた。そして立ち合い――。


行司を中心に先《ま》ず睨み合ふのだがこの睨み合の双方の眼光の鋭さは凄いばかり。かけ引きも作戦もあらばこそ、土俵に上がるや否や今にも飛びかゝらんとする気構へなのだ。待つたなしの仕切だから、双方共手を下すももどかしいらしく、行司に叱られても叱られても立たうとする。（同前）

彼らの取組は、日本と違って「待ったなし」だった。「何でもかんでも投げようとする。組まうとする。褌《まわし》を引かうとする、褌《まわし》を引いたが最後金輪際放さばこそだ」（同前）という勢いだったらしい。考えてみれば、これこそ「前撃精神」に思えるのだが、この報告を記した河合政は彼らの相撲をこう評していた。

「相撲よりも鋭烈な闘志」（同前）

日本軍は台湾に相撲をひろめることで、逆に本物の「前撃精神」を見せつけられ、やはり相撲には適度な「呑気」が不可欠であることを再確認したのである。

日本軍の南方攻略は史上空前の大規模作戦だった。昭和十六年十二月にハワイ真珠湾を攻撃。続いて香港、マニラ、シンガポールを陥落し、さらにはオランダ領東インド（現インドネシア）、ビルマ（現ミャンマー）を占領。わずか三カ月で南太平洋の広大な地域を手中におさめたのである。そこで日本軍は占領地の民心獲得を目指す文化作戦部隊、名付けて「宣伝班」を編成した。これはナチス・ドイツのゲッベルス宣伝相の考案した宣伝中隊（P《ペー》・K《カー》）を真似たもので、主な任務は占領地住民に対する宣伝活動である。ところが編成準備の段階で、参謀本部において「余計なことだ」「予算がない」などという強硬な反対意見が出されたらしく、人的経済的にかなり貧弱な構成になったらしい。陸軍の宣伝班長に任命された町田敬二がこう述懐している。

アジアの東南一帯に分布している国々は、途方もなく広大な地域に、民族は複雑に絡み合っており、その風俗習慣、信仰、歴史などに関して、日本人は従来、余りにも無知だった。そこで（参謀本部の）第八課の努力にもかかわらず、それはもう宣伝資料が少ないなどというものではなく、まるっきりないのと同じだった。特にマレーとジャワと来ては、作戦軍そのものからして、正確な地図一枚すらない、というヒドさだった。

（『戦う文化部隊』町田敬二著　原書房　昭和四十二年）

誰に何を宣伝するのかわからなかったのである。さらに町田班長を困惑させたのは「軍上層部からは、行き当たりばったりの『要領』だの『基本方針』だのが、やたら布達された」（同前）ことだった。そして布達がころころ変わるだけではなく、そもそも占領政策の根幹である「南方占領地行政実施要領」（大本営政府連絡会議決定）自体も実にわかりにくかったのである。例えば、その第八項にこうある。

原住土民ニ対シテハ皇軍ニ対スル信倚観念ヲ助長セシムル如ク指導シ其ノ独立運動ハ過早ニ誘発セシムルコトヲ避クルモノトス

大東亜共栄圏建設には、欧米各国の支配からアジアを解放するという大義名分がある。それゆえ、この実施要領はそれぞれの独立運動に協力する形を取るべきだと謳っているのだが、それは「過早に誘発」してはならないともいっている。作戦を実行する町田班長からすれば「『ボツボツやれ』と言うのか『なるべくやるな』と言うのか、まるで掴みどころがなかった」(同前)らしく、その上皇軍に対する信頼感助長まで要求されたので彼らはたちまち「五里霧中」(同前)に陥ってしまったのだ。

ならば相撲を取ればよい。

そう主張したのがビルマに派遣された宣伝班の倉島竹二郎だった。「宣傳宣撫といつても何も傳單《でんたん》(ビラ)をばらまいたり、演説をしたりすることだけではない。出来れば極く自然に住民に接し彼等と喜びや楽しみをともにすることがなによりで、その方が千の傳單をまき百の演説をやるより効果的」(「サンデー毎日」昭和十七年三月二十九日号)と考えた彼は、地元の子供や大人を集めて、その場で相撲を取ってみせたのである。すると、

> 意外にも彼等は欣然《きんぜん》として相撲を取り始めたのである。子供も取つた、青年も取つた、そして周囲には附近の老若男女が七、八十名も集まつてキヤツキヤツと打興じた。全く思ひまうけぬ楽しい朗らかな光景だった。……ビルマ人の相撲の取りやうは日本と殆ど變《かわ》りがなかつた。ただ日本で四股を踏むところを、ビルマでは左腕を右の掌でポンポンと二度叩くので、日本なら「この腕前を見よ」といふところであらうか。(同前)

ビルマでは三歳の子供も相撲を取る。男たちは頭にターバンを巻いているが、取組に熱中する

とそれがほどけて髪がはらりと下がる。その様もまた「日本相撲の乱れ髪と少しも違はない」(同前)ように見えたという。やがて上官の西良隊長もビルマ人と相撲を取り始め「皆はヤンヤの拍手喝采」。その光景は「まるで嘘のやうな気がした」らしい。相撲を取れば現地人と自然に接することができる。倉島竹二郎の現地報告を受けて、大日本相撲協会はこう宣言した。

「南方いたるところ知縁あり」(『相撲』昭和十七年四月号)

南方はどこでも相撲を取っている。南方は、実は相撲の世界だったのだと。

おもひまするに、南方は、大たい裸の世界であります。裸の世界に、原始的な體技《たいぎ》としての相撲があるのは當然《とうぜん》でありまして、ないのが、むしろ、不思議でありませう。つまり、彼等の世界にありましては、相撲が、その生活のなかに喰入つてゐるに相違ないのであります。……われわれは、今後機會《きかい》を得まして、日本の國技相撲をひつさげて、単刀直入的に、しかも、大らかな気分をもつて、彼等に近接し、彼等と語りあふことができると信じて疑はないものであります。

(大日本相撲協会取締・藤島秀光　同前)

日本の相撲は国技として作法が洗練されているので、彼らに対して自ずと指導的立場になれる。さらに相撲は人を呑気にさせるので、独立運動を「過早に誘発」する危険もない。相撲こそが「南方占領地行政実施要領」実現の最善手だと気づいたのだ。

その勢いでオランダ領東インド（現インドネシア）に乗り込んだのが、海軍宣伝班だった。『相撲と野球』（昭和十八年四月一日号　博文館）に寄せられた齊藤良輔の報告によると、海軍では上陸に備え、軍艦上で盛んに相撲を取っていたらしい。齊藤曰く「本場所大相撲の熱闘とはまた異なつた逞しい〝海軍相撲〟の進軍」（同前）だ。それは土俵上の勝敗にとらわれず、「無敵帝国海軍の名にふさわしい堂々たる體軀、〝撃ちて止まむ〟精悍な前撃の気魄の全き養成に黙々精進する海軍さん独特の錬成運動」（同前）。彼らは「我々の相撲に千秋楽はない」などと言いながら、船上で「傳統《でんとう》の負けじ魂を発揮」していたそうなのである。

モルッカ群島のアンボンでは早速、オランダ軍将校集会所を接収して土俵を築き「相撲道場」に改築した。そして毎日そこで相撲を取ったらしいのである。齊藤によると「毎日烈しい相撲の肉弾戦が展開された。すると、いつか表通りに面した垣根は見物のアンボン人たちで押すな押すなの騒ぎ」（同前）になったという。帝国海軍の気魄にアンボンの人々は魅了されたらしく、兵士が投げを打つたびに「ワアツ、ワアツ」と歓声を上げたり、決まり手の身ぶりを真似したり、勝敗の予想などを始めたらしい。

巌も砕けよと突撃する果敢な肉體と気魄、そして倭軀よく巨體をも堂々投げ打つ技の威力、しかも日本の海軍さんなら誰でもその五體に秘めた恐るべき相撲——これこそ彼らアンボン人を驚嘆させるに十分な現實であつた。（同前）

アンボン人は相撲を通じて、日本人の「凄まじいばかりの闘志」を知り、「驚愕と感動」を覚えたのだと彼は報告している。「欧米支配からの解放」も次のように実現したそうだ。

相撲道場の集會場前を捕虜の濠州兵（オーストラリア兵）たちがトラックに揺られて通り過ぎた。此前はこの捕虜たちに對して、大きな図体への畏敬じみた視線を依然送つていたやうなアンボン人もあつたやうだつたが、この相撲見物が楽しい日課となつてきた彼らの胸の中には、今こそ『日本軍は濠州兵より何故強いか』といふ漠然ながらも一つの例證が浮かんできたに相違ない。戦前蘭印軍の援兵として、アンボンに繰出してくるや『日本など何黄色い猿同然さ』と豪語して、巨大で毛むくじやらな體だけを頼みに、凡そ真摯な錬成ぶりを示したこともなかつた濠州兵の捕虜たちが、この海軍相撲の猛稽古をトラックの上から見て、まるで自分の體に双筈でとび込まれたやうに愕然、髭むしやの顔を蒼白にしながら通りすぎる。しかし今はアンボン人たちは獨《ひと》りとして垣根から振り返つて、トラックを見上げる者はない。彼らの瞳には凄まじいばかりの闘志を盛る日本の相撲のみが、偉大な映像として焼きついてゐるのだつた。

（同前）

相撲見物に熱中したアンボン人が、通り過ぎるオーストラリア兵捕虜を見なかった、というだけのことなのだが、齊藤はこの光景を、相撲で「濠州兵を寄り切った」（同前）と記していた。精神的な寄り切り。彼らは国技相撲の魅力で連合国を土俵の外に追いやったのである。

相撲でなら勝てる、と確信したのか、以後、海軍は南方各地で相撲巡業を展開していった。ニューギニアでは、パプア族に「毒槍も持たず、しかも素手で、我々と同じく裸になつても日本人はまだ恐ろしい相撲まで持つてゐるのでは、首狩りパプア人だつてかなはない」（同前）などと絶讃されたり、セレベス島では相撲の儀礼について「敬虔な気持ち——日本軍隊ではこれをチウギ（忠義）と云ふのですね。——があつてこそ本當の強さです。相撲はただの競技ではないのですね。立派です」（同前）と小学校校長に感服されたという。そしてセレベス島の要港、マカッサルでは現地人たちの「尊敬と心服」を浴び、「スモー、バグス（素晴らしい）」などと感激され、さらにこう讃えられたという。

相撲はこつちが跳びかゝるのを、相手が前から承知してゐるのに、それを知りながら、顔の前の方から飛びかゝつてゆくところが素晴らしいです。我々の仲間は、相手が何も気付かない隙を狙つて背後か、横から一仕事やつたもんですが、さすがに日本の兵隊さんは、日本の相撲は立派だ。そんな恥づかしいことは少しもしないですね。（同前）

褒めているようだが、よく読むと日本軍には相手の隙を突く戦略がないと指摘されているようでもある。わかっているのにわざわざ正面からぶつかる、と無策をバカにされているようでもあるが、相撲としては「正しく理解された」ということになり、戦争はともかく宣伝工作には勝利したのである。

南方占領まもない、昭和十七年六月に日本はミッドウェー海戦で大敗北を喫した。この年の後半からアメリカの本格的反攻が開始され、次第に日本は苦境に立たされるのだが、大日本相撲協会の取締である藤島秀光は戦局についてこう語った。

われわれからみてをりますと、はじめ緒戦《しよせん》のいきほひは一気に對手《あいて》を土俵ぎはぢかくまで攻めこんだ形とそつくりそのままでありますし、最近のブーゲンビル島やギルバート諸島、マーシャル群島附近海域での戦闘ぶりは對手を引きつけておいておもむろにうちひしぐ相撲の取《と》口《くち》に酷似してゐるやうにみえるのであります。

（『相撲』昭和十八年十二月号）

退いているのではなく、背進。相手に押されているようで実は押している。土俵際に追いやられても「うっちゃり」という手もあるわけで、戦争を相撲に譬えると最後まで呑気を貫けるのであった。

参考までに日清戦争以来、日本は戦争になると相撲人気が沸騰した。昭和十年代も連日桟敷席は売り切れ、まるで「戦争をさながら待ちかまへてゐるがごとく」（『相撲』昭和十八年一月号）活況を呈したらしい。国粋主義の高揚とも考えられるが、協会相談役の出羽海梶之助はこの相関関係を「同胞國民が、精神的余裕を示すもの」（『相撲』昭和十三年六月号）だと分析していた。

日本人はみんなおすもうさん。勝っても負けてもおすもうさんということなのだろうか。

第十章

くたびれない土俵

戦争末期の新聞は読むのも痛々しい。敗れたといわずに「玉砕」という。死ぬといわずに「散る」という。爆弾を抱いたまま敵空母に突撃して自爆した神風特別攻撃隊のことは「身をもつて神風となり、皇國悠久の大義に生きる」（朝日新聞　昭和十九年十月二十九日）と言い換え、さらには「皇軍の燦然たる伝統の流れを汲み、旅順閉塞隊あるひは今次聖戦劈頭における真珠湾特別攻撃隊に伝はる流れに出でてさらに崇高の極地に達したものである」（同前）などと日本の伝統文化にしてしまう。困った時の「伝統」というべきか。新聞は「伝統」という言葉を使って、無茶な戦いを正当化したのである。

昭和十九年以降、圧倒的な劣勢を悟った日本軍は次々と捨て身の戦法を編み出した。フィリピンで出撃した神風特別攻撃隊をはじめ、人間魚雷「回天」、人間乗りロケット爆弾「桜花」、人間機雷（潜水服を着て海中から敵船底を機雷で突く）「伏龍」等々。これらは戦場でシンプルに「体当たり」と呼ばれていたらしい。

　神風特別攻撃隊の編成を命じた第一航空艦隊司令長官大西瀧治郎中将は、その決定当日に「爆弾を抱かせて体当たりをやるほかに、確実な方法はないと思うが……どんなものだろう?」（防衛庁防衛研修所戦史室編『戦史叢書　海軍捷号作戦〈2〉』朝雲新聞社　昭和四十七年）と部下たちに諮ったようだし、豊田貞次郎連合艦隊司令長官に対する伝令記録にも「現有兵力ヲ以テ体当特別攻撃隊ヲ編成」と記されている。攻撃を報じた新聞各紙も「敵艦隊を捕捉し必死必中の体当り」（朝日新聞　昭和十九年十月二十九日）などと見出しを打ち、「大東亜戦開始以来、わが荒鷲の壮烈なる体当りは幾度か銃後に伝へられた。そしてその都度旺盛なる攻撃精神は敵の心胆を奪ひその尽忠の精神は一億國民の胸を打つた」（毎日新聞　昭和十九年十一月十二日）とその「体当たり」に対する国民の感動ぶりを報じた。「体当たり」は一種のブームになったようで、例えば、岩手県の太田村村長は「『当つて砕けろ』と遠慮会釈をしない」（新岩手日報　昭和十九年十一月十一日）態度で食糧増産に励み、島根県三谷村の村長などは「紅顔の荒鷲が若き生命を捧げて米英撃滅の華と散る体当り精神は同氏の胸中にたぎる凜たる警察精神を呼び起さずにはをらなかつた」（島根新聞　昭和十九年十一月五日）と名誉職の村長を辞めて警察署の巡査に転身したという。

　いつの間にか「体当たり」は日本の伝統ということになったようだが、体当たりといえば相撲である。昭和十九年の秋場所を前に朝日新聞は次のように報じた。

一切のものごとがこの戦局に合せてきびしく変つているとき國技の戦士達がまさに土俵上へもりあげようとするものもまた例外ではありえない。……神風特別攻撃隊の若桜に続くぞと青天井の下、晴天十日の土俵に起つ若い力士の相貌に炎と燃ゆるものを見逃してはならない。

（朝日新聞　昭和十九年十一月四日）

今こそ体当たりの見本である相撲を注視せよ、という勢いである。しかし、力士たちは次々と召集され、その人数はピーク時の約半数（四五〇人）になっていた。残った力士たちも大半は栄養失調で体重が五〇キロ近く減っていたらしい。記者は若い力士に声をかけたようで、記事はこう続いていた。

若い力士たちは口を揃へていつている「現場の空気は相撲どころではないよ」から叫ぶ青年たちが秋場所の土俵を踏むのである。

工場動員などで疲れ果てていた力士たちは、相撲をしている場合ではありません、と否定したのだろうが、否定しながらも土俵に上がる彼らに記者は「必死必中の体当り的精神」（同前）を見いだしていたのである。そこまで言うなら、と期待に応えるように、大日本相撲協会は相撲を体当たりの元祖として再解釈した。

空中戦においてばかりでなく地上においても海上・海中いづれにおいても戦闘あるところかならず體《たい》あたりがあることは申すまでもありませぬ。この體あたり戦法が他に比類をみない皇軍獨得の精技《せいぎ》であることは全世界の確認せずにはゐられないところでありまして敵方を震慄《しんりつ》させてをることは尋常一様でないのであります。端的にいへばおたがい同胞のもつてほこりとする體あたり戦法は皇軍獨得の精技であるばかりでなく邦族固有の神技なのであります。體あたりといふことは剣技にもあり柔技にもありまた銃剣術にもあることは周知の事實でありまして、とくに國技相撲にいたつては體あたりをもつて中心生命としてゐるのであります。『相撲略傳』に「両両あひあたり合して持し持して搬《な》ぐ」とあり、『相撲傳書』に「たとひ廣原野合《こうげんやごう》にても敵と組まざれば勝負の理なし」とあるとほり敵とあひ對した以上たがひにあたりあふべきことは絶對であり必至であるのでありまして……すなはち體あたり戦法は肇國以来固有の神技でありましたものを父祖相傳し相承し研磨・錬養につとめつとめて強化し鋭化しつひに獨得の精技とすることができたのであります。

（大日本相撲協会理事長・藤島秀光『相撲』昭和二十年一月号）

相撲の奥義書とされる『相撲略傳』を引用しながら、相撲は最初から体当たりの神技であり、日本はこの体当たりの伝統を守ってきたから特攻も生まれた、と自負した。

大日本相撲協会は「体当たり」ブームにあやかり、あらためて「国技」であることをかみしめているようだが、「国技」のそもそもの根拠である国技館は、昭和十九年二月に陸軍兵器行政本部に接収されていた。当時極秘に進められていた「マルふ」作戦、すなわち風船爆弾の製造のためである。和紙で気球をつくり気流に乗せてアメリカ本土に爆弾を送り込み、言い知れぬ恐怖を与えようという心理戦。その製造には天井の高い建物が必要ということで、国技館が選ばれたのだった。結局、国技相撲は国技館を追い出される形となり、昭和十九年の本場所（五月、十一月）は後楽園球場で開かれた。そして翌年昭和二十年三月十日、米軍による東京大空襲。下町一帯は火の海と化し、国技館にも焼夷弾が落とされて館内は全焼したのであった。

それこそ「相撲どころではない」状況に陥ったわけだが、その後も場所は途切れることなく続けられた。藤島理事長はこう述懐している。

どんなことがあっても相撲がある以上は、本場所は続けねばいかんという覚悟でしたね。それとまあ、できないながらも、みんなの最低の生活の保障はしなければいかんというので、みんなを集めて、そういうふうな話をし、みんなを散らさんようにしました。どこまでも相撲を守っていかなければいかんということで、一丸となってやりました。（前出『はなしの土俵』）

相撲がある以上、相撲を続けなければならなかったのである。同書によれば、自宅も焼失した藤島理事長は国技館内の焼け残った広間に一人移り住んだらしい。そして六月には国技館で「非公開」の本場所を開いたのである。

しかし誰も見ていないところで相撲を取っても仕方がないのではないだろうか。

「軍部に頼まれたんです」

語るのは元行司、第二十八代木村庄之助の後藤悟さんである。昭和三年生まれの後藤さんは九歳で「松翁第二十代木村庄之助」の元に入門。当時、後藤さんは国技館近くにあった松翁の自宅に住み込み、「松」の一字をとって「式守松尾」という行司名で土俵に上がっていたらしい。

――軍部に何を頼まれたんですか？

「だから相撲をしてくれ、と」

――誰も見ていないのに、ですか？

「ラジオ放送用だったんです。中国や南方向けに〝相撲をやっている〟という放送をしたかったらしいんです」

相撲は見るだけでなく、聞くものでもあった。相撲の実況放送（NHK）は昭和三年に始まり、昭和十八年には大東亜共栄圏向け（満州からジャワ島）放送がスタートしていた。中継方針は「土俵即戦場」。アナウンサーの和田信賢などは「私はマイクロホンを通じて云ふ。ルーズベルトよ、チャーチルよ、この聲をきけ！　この歓聲をきけ！　戦ふ日本の強さはこゝにあるんだ」（『相撲と野球』昭和十八年三月十五日号）という気合いで臨んでいたらしい。

「そんなことしても、当時は誰も聞いていなかったんでしょうがね。でもあの状態で本当に相撲をやったんだから、大したもんですよ」

――そうですね。

私が感心すると、後藤さんがさらりと続けた。

「それで十一月にも本場所を開いたんですから」

敗戦を伝える八月十五日の玉音放送を経て、十一月には焼けた国技館で秋場所を開催。戦争に負けても相撲はいつものように続けられた。新聞等が便宜的に騒ぐ「伝統」と違って、こちらは本当に続けるものなのである。

「東京が焼け野原になって僕は山形に疎開していたんです。そこへ『本場所をやるから』と連絡が入りまして。本当かなと思いつつ汽車で上京したら本当にやるんです。すごいもんですよ。国技館は天井に穴があいていたので、雨天順延ということで」

――お客さんは来たんですか？

「何しろ十一月ですから、客席にはアメリカ兵がいっぱい来ていました」

ＧＨＱは日本占領とともに国家神道を禁止していた。そして神道指令により、「神道ノ教理並ニ信仰ヲ歪曲シテ日本国民ヲ欺キ侵略戦争へ誘導スルタメニ意図サレタ軍国主義的並ニ過激ナル国家主義的宣伝ニ利用」（ウィリアム・Ｐ・ウッダード著　阿部美哉訳『天皇と神道』サイマル出版会　昭和六十三年）したものを徹底的に排除する方針を決めていた。国家神道に基づいて軍国主義を昂揚した大日本相撲協会は明らかにＧＨＱの警戒対象だったのだろう。実際、昭和二十年に国技館はＧＨＱに接収され、その名も「メモリアルホール」に改称させられた。

――土俵で緊張されたんじゃないですか？

私がたずねると、後藤さんは微笑んだ。

「しません」

当時、後藤さんは十七歳だった。

――でも、監視される中で行司を務めていたんですよね。

「そんな感じじゃないですよ」

――そうだったんですか？

「占領軍はお客さんとして来ていたわけですから」

――お客さん？

「そうです。別に威張っていたわけでもないし。僕なんか『一緒に写真撮ってくれ』と頼まれて、装束を着たまま記念写真撮られていましたからね」

アメリカ兵たちは「進駐席」で賭けもしていたらしい。片言の日本語で四股名を叫び、記念写真を撮りまくる。『相撲』（昭和二十一年一月号）によれば、「可憐愛嬌のある」後藤さんが兵士たちの「人気を独占」し、両手を引っ張られて「どっちに軍配をあげていいか、ボク判らないや」などと悲鳴をあげていたらしい。

「ちっちゃかったからね僕は。今もちっちゃいけど」

――でもアメリカは敵だったわけですよね。

「そうです」

――協会側には悔しいというような思いはなかったんですか？

「そんなもんありませんよ」

きっぱり答える後藤さん。

――なぜ、ですか？

「だって負けたんですから。敗戦ですから。向こうは戦勝国で、相撲を見に来てくれているんです。見に来てくれる、という点では日本人もアメリカ人も同じです。みんなお客さんなんです」

実にあっさりしている。潔いのか。勝敗にはこだわらないのか。大日本相撲協会は敗戦直後に相撲をこう再々解釈していた。


そもそも相撲本来の面目とはいかなるものであるかと申しますと、『相撲略傳』に「ことまことに争ふに似たり、争へばすなわち非なり。傷《そこな》ふに似たり、傷へばすなわち非なり。ひとへにその筋力と技能を逞《たくま》しうしてやむのみ。ゆゑに匹耦《ひつぐう》みな意に介《はさ》まずして、一場の喜氣もつて慶祥を招くとしかいふ」とあります、この「喜氣もつて慶祥を招く」ところに相撲本来の面目があり獨自の使命があるのであり、かやうな相撲であつてこそはじめて天下泰平、国土安穏、五穀豊穣、萬民偕楽を祈りかつ祝ふことができるのでありまして、「捔力《かくりき》」は殺手であるがゆゑに不可であり、これを止揚してただ對手を倒すことのみを手段とする「相撲」になつた千二百餘年前から、相撲はすでに立派なスポーツであり、完全な競技であつたことは一點あらそふ餘地がありません。

（大日本相撲協会理事長・藤島秀光『相撲』昭和二十一年一月号）

彼らの相撲解釈は一転していた。相撲は「本来」争ったり、傷つけ合うことではなく、最初から人を喜ばせるための「スポーツ」だったという。相撲が争いでないことは争う余地もないということで、戦中に前撃精神を訴え続けた同誌編集の彦山光三も、相撲とは本来「きはめて平和的なめでたく楽しい行事」（『相撲』昭和二十一年二・三月合併号）だったとまったく逆の故実を発表したのであった。

その場しのぎの言い訳なのだろうか。しかし、戦中も戦後の解釈も同じ奥義書『相撲略傳』に基づいているので私は原典を読んでみることにした。

『相撲略傳』は文治二年（一一八六年）に、天皇から初めて相撲司として任命された吉田家初代、豊後守家次が書き残したとされる文書である。復刻本（池田良吉編　私家版　昭和七年）の本文はわずか九ページ。要約すると、相撲は体当たりをして相手を投げつける、しかし「勝負以て分れ而《しこう》して勝者負者の手を取りて立ち一耦相揖《いちぐうそうしゅう》（お互いに礼）して退く法也」。つまり大切なのは勝負をした後にお互いに礼をさせる「法」なのだと説いている。法があれば、相撲は争いに似て争いではなく、その場を盛り上げることで「慶祥（めでたいしるし）」を招くことになるということで、引用箇所によってどちらの解釈も可能なのであった。さらに『相撲略傳』はこう続く。「是を以て諸を廟庭に奏むれば即ち神明説豫《せつよ》し。諸を朝廷に閲すれば即ち衆庶氣を倍す」。そのように皇室に申し上げておけば天皇もよろこび、庶民も元気になる。そういう理屈にしておけば、みんな丸くおさまる。相撲の心得というより相撲主催者の処世術を記した奥義書なのであった。

それにしても、なぜＧＨＱはあっさりと国技・相撲の興行を認めたのだろうか。

大日本相撲協会は、日本精神は土俵精神、大東亜共栄圏建設に相撲は欠かせない、などとしきりに宣伝していた。「わが國の國體は、相撲によつてその基礎が固成された」（彦山光三著『生産基力と相撲道』文藝日本社　昭和十六年）として、協会がその「肇國以来固有の神技」を伝承してきたから敵国に特攻攻撃できたとまで主張していたくらいで、まさにＧＨＱのいう「超国家主義的な団体」そのものといえそうだ。

記録によると、ＧＨＱは協会を呼び出し、「ＧＨＱ覚書」を通達している。その内容を要約すると、

一、大日本相撲協会は民衆の欲求するところに重点を置いて国技館使用を申し出る。その申し出を受けてＧＨＱ司令部で可否を検討する。

二、大日本相撲協会からＧＨＱに連絡員を出すこと。

ＧＨＱは具体的に何をどう検討したのだろうか。この点に関する記録は残っておらず、検討内容は不明なのだが、大日本相撲協会は次のように発表していた。

接収と申しますとなんとなく強厭的なきびしい感じがいたしますが、國技館の場合は今日まで各方面の建造物や諸設備などを謂ゆる接収してきたのとまつたく相違しきはめて穏やかでありゆるやかであり雙方が満足するやうに決定してゆかうとさへしてゐる意向がはつきりうかがはれるのであります。……なによりも司令部においては、大相撲がいかにわが國民大衆からひろく深く愛好されてゐるか、いかに熱烈に支持されてゐるかを十二分に承知されているからでありませう。つまりかやうな措置もアメリカが徹底的な民主主義國であり與論を尊重することがはなはだ篤く根強いものがあるゆゑんを察諒するときなるほどと頷くことができるのであります。

（大日本相撲協会理事長・藤島秀光『相撲』昭和二十一年二・三月合併号）

ＧＨＱは相撲に対して「穏やかでありゆるやか」。相撲は民主主義的に大衆に愛好された「めでたく楽しい行事」であることも理解してもらった、というのである。

果たしてそんなに都合よく理解されるものだろうか。協会の単なる思い込みではないのだろうか。

「協会幹部たちは、『相撲は競技なんだ』と説明したんです」

後藤悟さんが語った。彼らは相撲の伝統より競技性を訴えたらしいのである。

――競技にすぎない、と。

「そうです。戦争とは関係ないんだと説明したそうです」

――それで認められたんですか？

「私も禁止になるのかと心配したんですが、それでＯＫになってるんです」

不思議そうに首を傾げる後藤さん。

――そういうものですか？

「そういうものなんです」

どういうものなのかよくわからないが、当時、大日本相撲協会は突然、土俵の直径をそれまでの十五尺（約四・五五メートル）から十六尺（約四・八五メートル）にひろげることを決めていた。

――なぜひろげたんですか？

「競技だからっていうことです」

――競技だから？

「土俵を大きくすれば、土俵の中の動きが競技のようになるんじゃないか、と考えたんです」

どうやら協会は、相撲を競技っぽく見せるためにそれまで故実として守ってきた十五尺を変更したらしいのである。確かに土俵を広くすれば、体当たりの前撃精神を鍛えるというより技を掛け合う競技らしくなる。しかしＧＨＱ対策とはいえ、故実を変えてよいものなのだろうか。そもそも変えないことが故実の故実であるゆえんではないのか、と疑問がわいてくるのだが、相撲故実の監督者である彦山光三は、もともと土俵の広さははっきりしないものだ、と主張していた。

（十五尺であることの）拠りどころはまへにあげたごとく『傳書（相撲傳書）』に「土俵は二間（十二尺）一尺、あるひは二尺、あるひは三尺に圓形につくる」とあるそれであるが、同書には土俵場創設の眼目が勝敗の道理を火急にをしへるにあると、確信をもつてはつきりいひきつてゐるにもかかはらず、なにゆゑに十三尺十四尺十五尺といふやうに伸縮を自在にゆるすやうなゆとりをおいてあるのか、この点なんらの説明もなく解釈もない。これに関してはよもや著者が解説することができなかつたのではなからうし、また故意に釈明をおこたつたともおもはれない。おそらく著者は案外不要意に無頓着にあるひはわかりきつたこととして、あるひはだからあらためて解明を要しないこととして触れないでしまつたのではあるまいか。

（『相撲』昭和二十一年二・三月合併号）

彦山は、土俵の広さは最初から適当だった、という解釈をしたのである。もともと適当なものであれば伸縮も自在。伸縮自在であるべきだったと彦山は「気づいた」という。土俵の大きさが決まっていると「おのづからその運動動作は惰勢にもひとしく習慣的に固定するにきまつてゐる」（同前）。つまり力士たちの技が固定してしまい、「単に技術的なゆきづまりを意味するだけでなく心理的・精神的にゆきづまりをきたすことはとうてい避けられるものではない」（同前）とまで懸念した。土俵の大きさが適当であることが実は精神的解放を意味していたということで、こうなると土俵はひろげなければいけないという必然性すら帯びてくる。さらに彦山はアサヒグラフの座談会でこう自説を展開した。

わしは（土俵を）広くするといふことはあつても差支へないことであり、又なくちやならないことでもあると思ふんですよ。ただしかし無制限に拡げるといふことは、大東亜戦争が戦線をバカに拡げちやつて結局えらい目に遇つたと同じで、いけないと思ふんです。拡げることと同時に縮めることも考へなくちやならない。

（「アサヒグラフ」昭和二十年十二月・大相撲秋場所特別号）

土俵の拡大を戦局の拡大になぞらえ、あらかじめ反省している。適当も適当にしなければいけない、と「適当」を極めるのである。

「土俵をひろげても別に変わりませんでしたけどね」

後藤さんが当時を振り返り、さらりと言った。

――十六尺になっても、ですか？

「はい。変わりませんよ」

確かに、直径が約三十センチ広くなったというだけのことである。

——行司として判定がしにくいとか……。

「そんなこともないです、ぜんぜん変わんないですよ、ふふふふ」

後藤さんは静かに笑った。当時の雑誌記事によると、協会の変節に対し、故実に背いていいのか、突然の変更で力士が気の毒だ、などの反論があったらしい。しかしよく読むと、こうした記事を書いているのは決まって彦山自身で、活発な議論というより彼自身による民主主義的な演出のようである。実際の取組について毎日新聞記者の相馬基が「土俵が大きくなつたから（力士が）安心して、さがつて、立ちあひにしくじりをしないやうにしやうといふやうに、消極的な安全策をとるやうな傾向になつた」（『相撲』昭和二十一年二・三月合併号）と力士たちの気のゆるみを指摘したが、それに対して大日本相撲協会理事長の藤島秀光はこう解説している。


それはやつぱり立ちあひに勝負を一気に決するといふ、一面からみればひじやうに危険な技をもちひるやうな場合でも、稽古を積んでをるときにはそいつができる。このごろはいろいろな條件のために稽古が不足するために、立ちあひに一気に勝負を決しようといふやうな自信が缺《か》けてゐるのではないだらうかといふやうなことを私は考へられますがね。（同前）

土俵の広さは関係なく、単にみんな稽古不足だから、と反論したのであった。

――力士たちにとっても変わらなかったんでしょうか？

私がしつこくたずねると後藤さんが答えた。

「力士はやっぱり大変でしたね」

――何が、ですか？

「土俵が広いとくたびれます」

土俵が広くなればなるほど、勝敗はなかなか決しないので疲れる。例えば土俵際で「もうこの辺でうつちやつてもいいだらうとか、或ひはこの辺で浴せてもいいだらうとかいふやうに思つてやると、さうでなかつた」（笠置山　前出『アサヒグラフ』）という具合に、「この辺でいいだらう」というわけにいかなくなったのである。

結局、十六尺の土俵は昭和二十年の十一月場所に使われただけで、次の場所は元の十五尺に戻された。要するに、土俵拡大はＧＨＱに対する一種のアリバイ工作のようなもので、稽古不足でくたびれやすい力士たちには、やはり十五尺の大きさが適当だったことが確認できたのだった。

ＧＨＱ占領下で、もうひとつ変更されたのは「神」だった。相撲は古来より守り神に奉納するものとされている。本場所前に土俵上で「土俵祭」を行ない、祭主（立行司）が祝詞を読み上げ、神をお迎えする。

安永五年（一七七六年）に書かれた『相撲傳秘書』によると、江戸期の神様は「郡八幡宮、天照皇大神宮、春日大明神」の三者だったらしい（山田知子著『相撲の民俗史』東京書籍　平成八年）。

そして敗戦前までは「かけまくも　かしこきこのにはに、わが相撲《すまい》の道の守神ともちいづく……」という文言に続いて次の神々を招いていた。読み上げ順に並べると、

（『相撲』昭和十一年五月号）

・國常立之命（クニノトコダチノミコト）
・國狭槌之命（クニサツチノミコト）
・豊斟渟之命（トヨケヌノミコト）
・大戸道大苫邊之命（オホトミチオホトマベノミコト）
・面足惶根之命（オモタルカシコネノミコト）
・埿土煮沙土煮之命（ウエジニスエシニノミコト）
・伊奘諾伊奘冊之命（イザナギイザナミノミコト）
・天照大神（アマテラスオホミカミ）
・天之忍穂耳命（アメノオシホミミノミコト）
・邇々岐之命（ニニギノミコト）
・日子穂々出見之命（ヒコホホデミノミコト）
・鵜茅葺不合之命（ウガヤフキアエズノミコト）

前の七神が「天神七代《あまつかみ》」で、その後に続く五神が「地神五代《くにつかみ》」。天地を司る十二代の神々を招いていたのである。ところが大日本相撲協会は昭和二十年十一月場所の土俵祭で、これらを次の三神に変更した。

・戸隠大神（トガクシノオオカミ）
・鹿島大神（カシマノオオカミ）
・野見宿禰（ノミノスクネ）

これも大日本相撲協会のGHQ対策と考えられる。敗戦前の神々は、相撲というより国の成り立ちにかかわっている。中でも天照大神は天皇の先祖とされる神。それらを崇めていてはGHQのいう「超国家主義的な団体」と思われて当然なので、戸隠大神や鹿島大神などの地方の神や、野見宿禰のような神としては脇役的存在に入れ替えたのだろう。

「それは違います。そうじゃないんです」

後藤さんはきっぱりと否定した。彼は怒っているようだった。

——では、なぜ変えたんですか？

「多すぎたんです」

――何が？

「神様が。もともと神様を入れすぎていたんです」

多すぎたから、これを機に減らしたということである。

――しかしさすがに天照大神は外さないと、ということになったのでは……。

「そうじゃないですよ。ＧＨＱだってわからないですよ、こんなにたくさんの神様」

いわれてみれば日本人の私もよくわからない。それぞれの神は名前を読むだけでも難儀で由緒を調べてもよくわからない。「天神七代」「地神五代」といわれても、国をつくったのか司っているのかも実はよく知らなかった。

――すみません、私もよくわからないんです。

正直に言うと、後藤さんがうなずいた。

「でしょう。でも、それだと困るわけです」

――何が、ですか？

「ですからＧＨＱに行った時に、『この神様は何？　こっちは何？』とか『何だ、これは？』とか聞かれたら困るわけです。誰も説明できないですから」

――説明できないから変更したわけですか？

「そうです。だから、ちゃんとＧＨＱに答えられるように三つにしたんです」

――ではなぜこの三つに？

「彦山先生と第二十二代立行司が相談して決めたそうです」

——どうやってですか?

「『それでいいじゃないか』ということで。これからはアメリカ人も見に来ることだし、『力の神』『相撲の神三神』でいいじゃないかということで」

相撲の神は説明しやすい神。土俵にせよ神にせよ、相撲の道はくたびれない道。敗戦を経て「呑気」にますます磨きがかかったようである。

第十一章

ないからこその「品格」

相撲の歴史は「いなす」歴史といえるかもしれない。「いなす」とは相撲用語で、相手が力を込めて押したり突いてきた時に、すっと体を開いてその力をかわすこと。押してきたら、いなす。押すと見せかけて、押し返してきたら、いなす。これは相撲の極意とされ、同時に「日常生活で周囲の追及などを適当にあしらったりすること」(前出『相撲大事典』)も意味している。

「国技」と呼ばれれば、国技のようにふるまい、「スポーツ」ということになれば、土俵をひろげてスポーツらしくする。押(お)せと言われれば、ケガや病気を忍(お)し、前撃精神を求められれば勇ましく背進し、時局に応じて神様をも入れ替える。非難はいなす。いなすといっても力士たちは特に変化せず、非難する側が勝手にいなされてしまうあたりが極意なのである。

数年来、マスコミを賑わした朝青龍騒動もそのひとつだろう。

横綱の朝青龍は、「八百長疑惑」やら、巡業を休んで母国モンゴルでサッカーをしていたことを非難され、「この男は、日本人の愛する国技をどこまで冒瀆するのか」(「週刊現代」平成十九年八月十八日／二十五日合併号)やら「品格がない」などとさんざんバッシングされてモンゴルに帰国してしまった。

「国技」は当初から力士たちを非難するための方便だったが、ここで新たに登場しているのは「品格」。いつの間にか力士には「品格」が求められているのである。

誰が求めているのかというと、横綱審議委員会である。朝青龍の品格のあるなしを判定したのも彼らで、まるで相撲の伝統を守る議決機関のようなのだが、『横綱審議委員会規則』によれば、同委員会はあくまで「横綱推薦・その他横綱に関する諸種の案件につき協会の諮問に答申し、またはその発議に基づき進言するもの」(第二条)にすぎない。「答申」と「進言」をするだけで、実は決定権も責任もないのである。

そもそも横綱審議委員会が設置されたのは、戦後まもない昭和二十五年五月。この年の春場所には東富士、照國、羽黒山の三横綱がいたのだが、東富士が三日目から休場、続いて四日目から照國が休場、さらに五日目から羽黒山まで休場してしまい、土俵上から横綱の姿が消えてしまったのである。こうなると「横綱土俵入り」もできなくなってしまい、大日本相撲協会は「協会は何をやっているのか」「力士はだらしない」などと世間から激しい非難を浴びた。そこで協会は何らかの方策を打ち出さねばと七日目に取締会を開き、横綱は成績次第で大関に格下げになるという新たなルールを決定した。ところが場所が終わり、いざ次の場所に向けて番付編成会議が開かれると彼らは、三人のうち誰を格下げするか？　本当に格下げしてよいものだろうか？　と逡巡してしまう。そして議論を重ねた挙げ句、「横綱には伝統と権威がある」（前出『相撲大事典』）から、と格下げ自体を撤回してしまったのである。このままでは「協会は何をやっているのか」とまたしても非難を浴びるので、彼らは格下げ中止の「代わりに横綱の推薦、格下げ、引退勧告を審議する機関を置くことになった」（同前）。それが「各方面の有識者」などから構成される横綱審議委員会なのである。

自分たちで決めるとお互いに角が立つので、第三者に話し合ってもらってそれに従う。非難をいなすために編み出された苦肉の策なのである。ちなみに「品格・力量が抜群」という横綱の条件は、この委員会が定めた内規。力量だけに限定すると横綱がいなくなってしまうので、それを防ぐために「品格」という救済策を講じたというわけなのだった。

いわば便宜上の「品格」。本当に品格が条件なのであれば、朝青龍を横綱に推薦した横綱審議委員会こそ彼の品格を見抜けなかった責任があるわけで、糾弾すべきはむしろ横綱審議委員会ということになるだろう。ちなみに委員のひとりだった内館牧子氏は朝青龍についてこんなことを書いていた。

「モンゴルの子供たちを喜ばせるためにサッカーをやったのだ」という声もあるが、巡業先でも日本の子供たちが横綱を待っている。私は八月四日の仙台巡業に行ったが、子供たちのはしゃぎようは大変なもので、力士たちは汗だくでサービスしていた。無断帰国をしてでも故国の子供を喜ばすというのは、横綱がやることではない。たとえ己の本心に反してでもだ。これも武士の姿勢だろう。

（「週刊朝日」平成十九年八月二十四日号）

武士の姿勢？　と私は驚いた。むしろ相撲は武士が「卑職の者の技」と避けた芸。ところが国技館設立の頃に「武士らしくない」と言い掛かりをつけられ、以来、戦時中は武士の見本のように持ち上げられ、今再び「武士らしくない」。おそらく彼を「武士らしくない」と非難することで「武士らしさ」という理想のイメージをどこかに保持しようとしているのだろう。「品格」も然り。相撲に品格の伝統があるわけではない。朝青龍を「品格がない」と非難することで、あたかもそれまでの横綱には「品格があった」かのような伝統をつくり出そうとしているだけなのではないだろうか。いずれにせよ根も葉もないことなので、非難されるほうも特に変わることなく、さらりといなすのだろう。

申し合い稽古のようなものか……。

半ば呆れながら私は連日のバッシング報道をテレビで眺めていた。そしてたまたま目にした高砂浦五郎（朝青龍の親方）へのインタビューに釘付けになった。朝青龍も無責任だが弟子を指導できない高砂親方も無責任、と非難が彼に集中していたのだが、彼は朝青龍がケガを治療するモンゴルの温泉施設についていきなりこう語ったのである。

（肌が）ツルツル、ツルツル……すごく気持ちよかった。

監視役のはずの高砂親方はその温泉に入り、気持ちよくなっていたと言うのである。品格を超越した答えに私は一瞬、呆気にとられた。彼は朝青龍とともにモンゴルに同行したが、すぐさま行方をくらまし、わずか三十五時間後には日本に帰国していた。「一体モンゴルで何をしていたのか？」と記者たちから詰問されると、

朝青龍は空港から直接、あのホテルのほうへ。僕は食事をしてから。お腹が空いていたので。僕らが（ホテルに）着いたのは四時です。ちょっと昼前まで休ませてもらって、それから朝食がてら話をして、すぐに温泉施設に行きました。帰ってきて今度は昼食を食べていろんなあれをして、で、そのまま帰ってきました。

モンゴルでも彼は「食っちゃ寝」をしていたとコメントしたのである。記者たちが訊こうとしていることについては「いろんなあれ」とひと言で流し、それより重要なのは食べて寝ることだと言わんばかり。モンゴルの療養施設についても「ゲル（モンゴル民族の伝統的な家）がいっぱいあって、その建物とゲルの間に大きなゲルがあって、それがレストラン」とやはり食事に言及し

た。確かに、人間は毎日何をしているかといえば、食べて寝ているわけで、それを確保するために仕事など「いろんなあれ」をする。彼は正しいといえば正しいのである。
緊迫した記者会見で見せたこの呑気ぶり。「品格」を凌駕する「呑気」というべきか。相撲の伝統とは「品格」などではなく、この非難を「いなす」という技にこそ受け継がれていると私は確信したのである。高砂親方はこう語り続けた。

ウランバートルからその宿泊施設まで行くのに六時間ぐらいかかるんですよ。舗装された道が半分半分くらい。ホントにすごいというふうに感じました。だけれども、その代わり自然がいっぱいということも感じました。ホントに手つかずの自然がそのまま残っている。……それで帰りにね、虹を見たんですよ。ダブルアーチの虹。すっごいキレイなんですね。なんていうのかな、でも、一瞬、そんなものワーッと、あの中にいると消えちゃうね。あのホントに、皆さんに囲まれてしかめっ面している自分がパーッと消えちゃう。

消えちゃっていいのか、と私は心配になった。朝青龍の故郷が遠くて風光明媚なのはわかるが、何もこの席で発表しなくてもよいのではないか。呑気にもほどがあるのでは、と思いかけたのだが、そこでふと気がついた。
彼は「まれびと」について語っているのではないか、と。「まれびと」とは稀な人。民俗学者、折口信夫によれば、相撲はもともと「藝能」のひとつで、古代まで遡れば「饗宴」あるいは「宴会」のようなものだったという。そこにどこからか客人がやってきて飲食でもてなされる。その客人が「まれびと」であり、力士の原点だというのである。

「まれ」という語の遡《さかのぼ》れる限りの古い意義において、最少の度数の出現または訪問を示すものであったことは言われる。「ひと」という語も、人間の意味に固定する前は、神および継承者の義があったらしい。その側《かわ》から見れば、「まれひと」は来訪する神ということになる。

（折口信夫著『古代研究Ⅲ　国文学の発生』中央公論新社　平成十五年）

「まれびと」とは、たまにやってくる神。折口によれば、まれびとはもともと「『とこよ』から時を定めて来り訪」（同前）れる。「とこよ」とは「死の常闇の国」なので、「幸福は与えてくれるのだが、畏《おそろ》しいから早く去ってもらいたい」存在だったというのである。

高砂親方の語ったモンゴルも現世を超えた世界のようだった。彼は「そんなになんとかかんとかできるような所じゃない」と念を押していた。つまり朝青龍は遠く離れた「とこよ」から来たまれびとであり、まれびとに指導できるはずがない、と訴えていたのだ。

あらためて考えるに、朝青龍に限らず、力士たちは今でも「まれ（稀）」な存在である。姿形もまれだし、出くわすことも滅多にない。土俵に上がる際に出身地をアナウンスされるのも、どこからやってきたのかという「まれびと」性の表示ともいえる。そういえば、国技館近くで力士を目撃した子供がこんなことを言っていた。

「おすもうさんは宙に浮いているからおかしい」

聞けば、自転車に乗った浴衣姿の力士に遭遇したらしく、体が自転車を覆い隠していたので力士が風船のように浮いて見えたらしいのである。

人々は彼らの体をパチパチと叩こうとしたり、赤ん坊を抱かせようとするなど、一種の縁起物と考えている節がある。しかし同時に彼らは非難の対象で、「しっかりしろ」「何やってんだ？」と見ず知らずの人々に叱られたりしている。外国人力士などはまれびとの中のまれびとといえるだろう。国内は均質化しているので、出身地は外国のほうがまれびとらしく、当初は「日本人より日本人らしい」などと讃えられるが、強くなると決まって「調子に乗っている」「金儲けしか頭にない」などと非難されるようになる。まれびとに長居は無用。まさに「幸福は与えてくれるのだが、畏《おそろ》しいから早く去ってもらいたい」のである。

モンゴルから最初にやってきた旭鷲山（ダヴァー・バトバヤル）が入幕した際、私は彼にインタビューしたことがある。将来を嘱望されるモンゴル人力士として注目を浴びていたので、私は「横綱目指してがんばってください」と声をかけた。すると彼はニッコリ笑ってこう答えた。

「横綱はいいです」

――えっ、でも、強くなりたいでしょ？

「いや、あんまり強くなりたくないです」

——なぜですか？

「だって、強くなると嫌われちゃうから」

その後、彼は引退するまでの十年間、一場所だけ小結に昇進したが、ずっと前頭十五枚目から前頭筆頭までを上下し続けた。今にして思えば、彼はきっと最初から「まれびと」性を熟知していたのだろう。

相撲とは、まれびとたちの神事。ややこしいのは親方たちも元力士でまれびとだということだ。まれびとがまれびとを指導しているので、二重に「まれ」。世間の常識を求めれば、必ずや非常識ということになり、だから常に「不祥事」を提供してしまうのである。

折口信夫は伝統芸能の目的についてこう指摘していた。


いつたい目的を生ずるといふことは、その前にある動作が固定して来なければならぬ。つまり習慣になつて来なければならない、といふことでせう。そしてその習慣を繰り返してゐるうちに、それがどういふ訣で繰返されてゐるかといふことで、その目的を考へて来ることになるのです。さうしてその目的らしいものをとり出して来て、今度はその目的に合つたやうな風に、段々藝能の形を変へて来ます。

（折口信夫著『日本藝能史六講』講談社学術文庫　平成三年）

相撲もそうかもしれない。相撲の動作を繰り返しているうちに、ふと「何のためにやっているのか？」と考え、答えを見いだすと、今度はその答えに沿って形を変えていくようになる。「国技」だと思えば「国技」になり、「スポーツ」と決めれば「スポーツ」になる。目的は後から生まれて歴史をも捏造してしまうのだが、いずれに変えられようと、伝統の伝統たるゆえんは「気がついたら続いている」ということである。「続けている」ではなく「続いている」。人間の意志を超越しているわけで、そうなると相撲は人の営みというより、やはり神のしわざと考えたほうがよいのかもしれない。

第十二章　意味不明といえども

相撲教習所の大山親方によると、行司とは「神のお使いなんです。神と人間のあいだを行ったり来たりできる人なんです」とのことだった。

行司は神の使者。

神と人をつなぐ霊媒師のようなものなのだろうか。

確かに、土俵上で静かに異彩を放っているのは行司である。他ではあまり目にしない直垂《ひたたれ》と烏帽子《えぼし》という出で立ち。土俵中央で取組を仕切っているようだが、立ち合いの合図をしているわけではない。紫、朱、紅、青などの色鮮やかな装束で「残った、残った」などと言いながら力士のまわりをピョンピョン跳びはねる姿は、むしろ力士に押し倒されはしないかと心配になる。取組後にどちらが勝ったかと判定しているので一種のレフェリーのようでもあるが、彼らはそれぞれの相撲部屋に所属して力士たちと寝食を共にしており、となると公平・中立とは言い難く、よくよく考えると一体何のためにそこにいるのかよくわからないのである。

——ヘン、ですよね？

不躾ながら私が口にすると、立行司（行司の最高位）である第三十三代木村庄之助さんが苦笑いをした。普段着の木村さんは、「神のお使い」というより、どこにでもいる人のいいおじさんという風情である。

「何がヘン？」

——いや、公平・中立ではないんじゃないか、と。

「勝敗については、審判のほうが権限があるんです」

土俵の四方には四人（または五人）の審判委員が羽織袴姿で座っている。行司の判定に疑問を抱けば、彼らが「物言い」をつけて土俵上で協議し、最終決定を下す。行司の判定も審判されるわけで、行司はむしろ審判される側なのであった。

「審判委員は部屋関係ですね？」

木村さんが私に問うた。

——……そう、ですね。

彼らは部屋関係どころか相撲部屋の親方で、公平・中立からはさらに遠い。

「そうでしょ」

念を押す木村さん。

——確かに、そのほうがもっとヘンですね。

「そういうことになりますよね」

——もっとヘンですね。

「……ヘンですよね」

行司がヘンなのではなく、相撲がヘン。部分ではなく全体がヘン。相撲全体がヘンで木村さんはその一部なのである。

ヘンといえば、行司にもなぜか番付がある。相撲を取るわけでもないのに、力士と同じような番付があるのだ。下から順に、「序ノ口行司」「序二段行司」「三段目行司」「幕下行司」「十枚目行司」「幕内行司」「三役行司」「立行司（式守伊之助）」「立行司（木村庄之助）」。その違いは装束や軍配に表れる。幕下以下は素足。これが十枚目以上になると白足袋を履くようになり、三役以上になると白足袋に草履を履ける。そして軍配にぶら下げる房と胸につけたリボンのような菊綴《きくとじ》の色が、幕下以下は黒または青、十枚目は青白、幕内は紅白、三役は朱、式守伊之助は紫白で、木村庄之助は総紫と決められている。三役になると印籠を下げ、立行司となるとさらに短刀を腰に差すようになる。取組も幕下以下は三番以上裁くが、十枚目になると二番のみ（木村庄之助は結びの一番のみ）になり、明け荷《あけに》（十両以上の力士が持つことができる着替えや道具を入れる箱）も持てるし、控室でも自分の椅子を確保して「その周辺は自分のいる場所にすることができる」そうだ。地方場所でホテルに泊まる時も個室。場所入りする時刻も、それまで午前五時出発のバスに乗らなくてはならなかったものが、午前七時発のバスでもよくなるらしい。

まるで力士と同じような序列社会で、行司とは相撲を取らないおすもうさん、ということなのだろうか。さらに行司には「黒星」もある。「黒星」とは力士の「負け」を意味するが、勝ち負けのない行司にも黒星がある。いわゆる「行司黒星」。負けたほうの力士に軍配を上げてしまうミス、「行司差し違え」のことだ。

「そうならないように、私たちは刀を差しているんです」

木村庄之助さんが微笑んだ。立行司の彼は土俵上で腰に短刀を差している。「武士の名残り」らしく、「腹を切る覚悟」ということなのである。

「でも、今まで切った人はひとりもいません。あくまで〝覚悟〟ですから」

黒星が重なると、行司は格下げになるらしい。『行司と呼出し』（木村庄之助・前原太郎共著　ベースボール・マガジン社　昭和三十二年）によれば、一場所で黒星を四つ取ると行司の番付を下げられる規定になっているという。

「今は違います。一年でいくつか取ると格下げになるんです」

——いくつ、ですか？

「いくつか、です」

——大体いくつなんですか？

「明確には記されてないいんですが、五つも六つも取ると危ないいんじゃないいんですか」

格下げを決めるのは財団法人日本相撲協会理事会で、行司はそれに従わなくてはならない。

——目安は五つか六つなんですね。

「いや、要するに、取りすぎると危ないんです」

規定ではなく気配で決められているようだが、最高位の立行司となるときちんとした規定がある。『相撲大事典』（前出）によれば、「立行司に差し違えがあった場合には、立行司はその当日中に審判長・行司監督（行司の監督係）とともに理事長に対して口頭で進退を伺う」とある。つまり辞職を理事長に一任するのである。

「立行司は横綱と同じで降格がありません。だから進退を伺うしかないんです。だから、黒星を取ったら理事長室に行くことになります」

——辞めることになるんですか？

「いや、立行司で黒星を取っていない人は今までいないんです」

——皆さん黒星を取っているんですか？

「はい。でも辞めた人はいません」

木村さんによると、進退伺いのために理事長室に入ると「まず初めに、審判長がお詫びの言葉を話します。話し出すとすぐ、普通、理事長がそれを遮り、『きょうの勝負は際どかった。あれは仕方ないでしょう。見る位置も難しかったし、見極めるのが大変です。明日からまたがんばってください』というような激励の言葉をかけてくれます。三名は理事長にそれぞれ一礼をして、儀式が終わり退室します」（『大相撲と歩んだ行司人生51年』第三十三代木村庄之助・根間弘海共著　英宝社　二〇〇六年）という段取りらしい。

「進退伺い」とは、文字どおり進退を伺う儀式。大切なのは、謝ろうとするのを遮る「間合い」らしいのである。黒星にかかわらず行司は出世する。早い話、年功序列のおすもうさん、なのだ。

彼らの仕事は土俵上に限られているわけではない。例えば「輸送係」。地方場所や地方巡業で力士や役員、床山、呼出など関係者全員が移動する際には、行司たちが飛行機、電車、バス、ホテルの予約をして切符を購入するのである。ホテルの部屋割や役員のタクシー割も彼らの仕事。部屋の掃除から関係者の冠婚葬祭の受付、さらに書き物もすべて行司がこなす。独特の「相撲字」という書体で番付表はもとより、毎日の取組を記す「巻き」、昇進祝いなどの各種案内状、地方場所でお世話になる人への礼状、基本的に「親方が口で言って、行司が書記をする」ことになっており、土俵を降りると庶務係のようなのである。

場内放送も行司の仕事だ。力士が土俵に上がると「東方〇〇、〇〇出身、〇〇部屋」、勝負がつくと「ただいまの決まり手は〇〇」などというアナウンスが聞こえるが、あれは装束からネクタイ姿に着替えた行司が枡席最前列の放送席でアナウンスしているのである。席には特設電話が設置されており、決まり手がわからない時は審判席に電話をして確認する。決まり手を間違えると電話がかかってきて「お前ちゃんと見てんのか！」と注意されたりする。東北出身の木村さんは訛りを恐れてかなり緊張したらしく、「東方、横綱、千代の富士」とアナウンスすべきところ、正面に座っていた審判長の九重親方（元横綱北の富士）の姿が目に入り、思わず「東方、横綱、北の富士」と言ってしまったこともあるそうである。いずれにせよ、その仕事内容は「神のお使い」というより「人のお使い」のようなのである。

――いろいろあるんですね。

私が感心すると木村さんが微笑んだ。

「でも、つらいという感じではないですね」

――なぜ、ですか？

「仕事の流れがほとんど決まっているので、つらいとは思わないんです。イヤになるとか辞めたいとか、あんまり考えたこともありませんね」

飄々と答える木村さん。

――なぜ、なんでしょうか？

「苦手なこともありますけど、先輩がいつも何をするかを指示してくれるんです。それ以上はやらせてくれないんです」

言われたことだけをする、というのが行司の鉄則らしい。

――自分からは何もしないんですか？

「何かを『やりたい』とか『やらせてくれ』というのは生意気です」

――じゃあ、自分からは何も決められない……。

「すべて行司会で決めるんです」

行司会の会長は木村庄之助、副会長は式守伊之助、その下に行司監督三人（十枚目、幕内、三役行司からそれぞれ一人）が委員となり、行司全員が会員である。

「行司監督は二年に一回の選挙で選ばれます」

行司全員が参加する民主的な制度なのである。

――じゃあ立候補して……。

「立候補はしません」

――では、どうやって選挙をするんですか？

「みなさんから選んでもらうんです」

――誰が？

「みなさんが」

――それで決まるんですか？

「はい。自分から何かをしなくても、そうしていると自然な形におさまるんです」

行司の仕事は自然に定まっていくらしい。自分の意志とは別に、おのずとそうなっていく。すべては神の思し召しということか。自らを空《から》にして神を受け入れるのだろうか。実際、かつての行司、木村玉之助も土俵に立つと、「何も頭にありませぬ。それこそ空《から》つぽです」（『相撲』昭和十三年五月号）と語っていたし、木村容堂も「金光さまを三回唱」（同前）えていたそうだ。

調べてみると、行司の土俵上での所作は日本相撲協会の『寄附行為施行細則　附属規定』の中の『審判規則　行司』で事細かに定められていた。例えば「仕切り」についても、「力士の仕切りに際しては、『構えて、まだまだ』等の掛け声をなす」（第五条）と台詞まで決まっている。第七条で、「両力士が立ち上がってからは、『残った。ハッキョイ』の掛け声をなす。（『残った』は技をかけている場合であり、『ハッキョイ』は発気揚揚を意味し、両力士が動かない場合に用いる）」ことになっており、相撲が長引いて「水入り」になった場合でも、「『いいか、いいか』と声をかけて開始する」（第十三条）と明確に規定されている。すべて決まっているから空《から》になれるのだろうか。

「呼出の中には早く出る人もいれば、ゆっくりの人もいます。力士もそうです。それぞれの〝間〟を見ながら動くんです」

と木村さん。行司は「間」を読む。遅すぎず早すぎず。あくまで自然な流れで、動作を合わせるのが「土俵の美」なのである。まず、土俵に呼出が入り、扇子片手に「ひが〜し〜〇〇、に〜し〜〇〇」と力士の四股名を呼び上げる。呼び上げが終わり、呼出が土俵の外に出ようと動き始めると、おもむろに行司が土俵の中央に歩み出る。そして東西から力士が土俵に入り、タイミングを合わせるようにそこで力士、行司ともに軽く一礼。礼を済ますと力士はくるりと体を返し、土俵の外に向かって四股を踏む。その間に行司は軍配を水平に差し出し、東西それぞれのほうを向きながら「〇〇に〜〇〇」と力士の四股名を呼び上げる。これを行司の「名乗り」という。

「四股名を忘れることが、結構あるんです」

木村さんがさらりと言った。これも自然な流れなのだろうか。

「部屋では、みんなあだ名や本名で呼んでいますし、途中で何回も改名したりする力士なんかもいるんです。ですから名乗りを上げようとした瞬間、『あれっ、四股名は何だっけ』とわからなくなることがあるんです」

四股名を忘れた際、木村さんは軍配を上げたまま何食わぬ顔で一歩二歩後ろに下がり、力士の顔を見に行ったそうである。

「でも顔を見る前に背中の格好を見た瞬間、四股名が浮かんできたんです」

——背中ですか？

「おすもうさんは背中の形でわかるんですよ。肉のつき方、肩幅、肌の色などで」

私も追手風部屋を訪れた際、彼らの四股名を覚えるのに苦労した。誰もが「大翔○」か「追風○」という似たような名前だし、髪形や服装（浴衣か廻し）もまったく同じで、顔つきまでよく似ている。力士は正面からではなく、背後から判別すべきなのである。

名乗りを終えると、行司は一歩下がって直立する。土俵の外に向かって四股を踏んだ力士は土俵際でお互いに向き合う。そして行司が軍配を正面に向かって差し出すと、ほぼ同時に力士が「塵浄水《ちりちょうず》」を始める。力士が「塵浄水」をしている間に、行司は二歩下がってじっと待つ。やがて力士が土俵中央に歩み寄って四股を踏む。左右の四股が終わる頃を見計らって、行司がゆっくりと土俵中央に歩み出る。

ここで「仕切り」だ。双方の力士がいったん腰を落とし、右手の拳を土俵の仕切線あたりについて相手を睨む。行司は左足を前に出して半身の構えとなり、右手の肘を直角に曲げて軍配を上げ、顔にかざすような姿勢となる。一瞬の緊張状態となるが、力士はどちらからともなくふっと力を抜いておもむろに立ち上がり、廻しをパンパン叩いたりする。仕切りは必ず「仕切り直し」。そして何度かこれを繰り返すうち、向正面東寄りに座る時計係審判が手を上げて「制限時間いっぱい」の合図をすると、行司はそれまでとは異なる「仕切り」の構えを取る。腰を落として正面を向き、軍配を右膝のあたりで立てる。立てると裏側が見えることから、これを「軍配を返す」という。

——つまり、仕切りの構えには二種類あるわけですね。

私は木村さんに確認した。

「そうです」

——なぜ、軍配を返すのですか？

軍配とは「戦国時代に武将が軍団を指揮するために使用したもの」（『相撲大事典』）。それを返すことには何か意味がありそうである。

「意味というか、もともと仕切りは〝ふつうの仕切り〟しかなかったんですよ」

「ふつうの仕切り」とは、半身になって構える仕切りのことである。

——それがなぜ？

「昭和の初期にラジオ中継が始まって、仕切りの制限時間というものができました。それまでは仕切りに三十分も一時間もかけていたんですが、全取組を六時までに終わらせなくちゃいけなくなったんです。制限時間ができたのだから、行司も作法を変えようということになってできたのが、あの構えなんです」

——どういう意味合いで……。

「いや、ああするとカッコイイだろうということで」

伝統ではなく、放送事情から生まれた作法なのである。ちなみに紫、朱、紅、青などの色鮮やかな装束も、カラーテレビの普及に対応して染められることになったらしく、何やらすべて便宜の流れに乗ったかのようなのである。

取組が終わると、「勝ち名乗り」である。勝った力士のほうを向いて四股名を呼び上げるわけだが、ここでも四股名が出てこないことがあるという。

「私は、直接本人に『名前は何だった?』と小さな声で訊きました」

——土俵上で、ですか?

「そうです。でも本人は息を切らしてハアハアしているし、何訊いているんだ? という顔をしていました。冷や汗ものでしたが、その時、急に四股名が閃いたんです」

木村さんは「閃き」で事なきを得たそうだが、行司たちは伝統的に次のような名乗り方でその場をしのぐらしい。

「むにゃ〜むにゃ〜」

文字面だけを見るとヘンだが、もともと名乗りははっきり聞き取れるものではなく、「むにゃ〜むにゃ〜」のようなメロディーに乗っている。取組は「むにゃむにゃ〜に、むにゃむにゃ〜」の対決で、いずれにしても「むにゃむにゃ〜」の勝利。どっちでも同じようで、何やら聞いている私の頭もむにゃむにゃしてきた。

——そもそも木村さんは、なぜ行司になろうとしたんですか？

私は木村庄之助さんにたずねた。行司も不思議だが、行司になろうと思う人はもっと不思議に思えたのである。

「私は十三歳で入門したんです。中学二年生の初めですね」

木村さんは昭和十七年、青森県八戸市生まれ。現在、行司の入門資格は「義務教育の修了」だが、当時は規定がなかったらしい。

「ウチの近所に高砂部屋の地方世話人がいたんです。その人の家に土俵があって、いつも友人たちと相撲を取って遊んでいました。それである日、その世話人が高砂部屋で行司と呼出、床山を募集しているけど行きたい者はいるか、と希望者を募ったんです」

——それで手を挙げたんですか？

「はい」

十人が手を挙げ、その中から木村さんを含めた三人が選ばれたそうだ。

――行司になりたかったんですか？

「行司というわけではなく、相撲を取って遊んでいるうちに、いつの間にか相撲に興味を持っていたんですね」

木村さんは五歳の時に父親を亡くし、母一人子一人の家庭だった。母親に入門を反対されたが、木村さんは「それならもう学校に行かない」とごねたらしい。相撲への興味とともに「まだ見たことがない東京への憧れ」と「毎日、温かいご飯やちゃんこ鍋がいくらでも食べられるという甘い言葉にも惹かれた」そうである。

選ばれた三人は早速、高砂部屋が巡業していた群馬県桐生市の神社に「連れていかれた」という。入門当時の様子を木村さんは自著でこう記していた。


ごちゃごちゃした支度部屋に行くと、おじいちゃんの床山がいて、「おおい、こっちへおいで」と手招きしているのです。そのおじいちゃんの近くまで行くと、「そこで立って見ていろ」と言われたので、言われたまま立って、床山が髷を結っているのを見ていました。すると、二、三分もしなかったと思う。反対側の少し離れたところでもう一人の相棒と行司が話をしていましたが、突然、大きな声がするのです。その行司は「これは耳が遠くてダメだ、代われ」と言うのです。それで私は行司の方へ行き、相棒は床山の方へ来ました。そのとき、私と相棒の運命が決まりました。私が行司になり、相棒が床山になったのです。

（前出『大相撲と歩んだ行司人生51年』）

一緒に入門した友人が難聴だったので、木村さんは行司になった。「いつの間にか」相撲に引き寄せられ、「言われたまま」にしていたら行司に「なった」のである。「親方に『お前の名前は？』と訊かれたので、『要一です』と答えました。すると『それじゃあ、お前は要之助じゃ』と言われたんです」

かくして彼は、行司「木村要之助」になったのである。

行司の姓は「木村」か「式守」に限られている。江戸時代には「日高」「水本」「金田」「木村」という四人の行司がいたらしいが、そのうち日高と金田の両家は断絶し、水本は南部藩の家臣となったため、残った木村が「最高家」となった。その四代目の名前が木村庄之助で、六代目から代々この「木村庄之助」を襲名するようになったという。そして第四代木村庄之助の弟子が式守家として分家した。「庄之助から〝木村の式を守れ〟といって、〝式守〟をもらい、初代式守伊之助ができたことになっている」（前出『行司と呼出し』）そうである。木村式を守るから式守家。だから今日も行司の最高位は「木村庄之助」で、その次が「式守伊之助」という序列になっているらしい。いずれにせよ、相撲部屋は木村家か式守家のいずれか一方を受け継いでおり、新人は入門した時点でその姓を名乗ることになる。彼が入門した高砂部屋は木村家。ちなみに現在、行司は四十五人いるが、三十五人が木村家で十人が式守家である。

——木村家と式守家の行司は何が違うのですか？

家というからには、家元、流派の違いがあって当然だろう。

「軍配の握り方が違います。力士の名乗りを上げる時、木村家は手の甲が上、手のひらが下になるように握ります。式守家は逆で手のひらが上になるんです」

——あまり見分けがつかないんですが……。

この点に着目して取組を見ても、私には違いがよくわからない。

「そうですね。実際は木村家でも真横に握る行司もいますし、式守家でも斜めに握る人もいますから」

——微妙なんですね。

「そうです。明らかに間違えている場合は先輩が注意しますが、微妙な場合は行司本人の判断に任されているんです」

——軍配の握り方以外に違いはないんですか？

「何もありません」

はっきり言い切る木村さん。

——家の会合や、お墓参りのようなことも……。

「ありません」

――では、ほとんど同じ……。

「同じことなんです。式守家の行司も出世すれば、最後に木村庄之助になります。木村家の行司も式守伊之助になりますから。『式守伊之助』と『木村庄之助』は相撲協会の名前なんです」

このふたつだけが一種の役職名で、それ以外は慣例上、木村家か式守家に分かれているだけなのである。木村要之助と名付けられた木村さんはその後、木村正裕→木村要之助→木村賢嘉→木村要之助→木村友一→木村朝之助→式守伊之助→木村庄之助と改名している。

――では、なぜ下の名前が次々と変わったんですか？

ただ変わるだけでなく、「要之助」に二回戻している。

「気分転換です」

――気分転換？　名前を変えてですか？

「私たちの頃は定年制度がなかったので、六十五歳を過ぎた行司がいっぱいいたんです。行司の定員は決まっていますから、なかなか出世できなかった。それで験《げん》を担《かつ》ぐつもりもあって名前を変えたんです」

行司の世界は年功序列。大抜擢のようなことはなく、四十五人の定員の中で、欠員ができると順次上にあがっていく。定年制（六十五歳）の現在でも、立行司になるには五十年かかるといわれているのである。木村さんは十三歳で入門し、三十五歳にしてやっと十枚目に昇進して白足袋を履けるようになった。そして六十四歳で「式守伊之助」に昇進し、その二カ月後に「木村庄之助」になったのだが、彼が「木村庄之助」でいるのは定年までのわずか十カ月間だった。人はおのずと歳を取る。年齢が自然に織りなす序列に彼は身を委ねているかのようだった。

両国国技館、午前十時。

観客のいない薄暗い館内に土俵がスポットライトに照らされて浮き上がったように見える。土俵の中央には、コの字形に御幣が立てられている。正面に三本、東西にそれぞれ二本、計七本が三方を囲み、そこが祭壇になっているらしい。そして土俵の四方を囲むように、背広姿の親方たちが神妙な面持ちでパイプ椅子に腰かけている。静まり返った国技館は厳粛な空気に包まれていた。

土俵祭、である。毎場所初日の前日に、立行司の木村さんが「祭主」となり、「五穀豊穣、国家平安、土俵の無事を祈願する」（前出『相撲大事典』）のである。

やがて花道から、木村さんが脇行司二人を従えておごそかに入場してきた。神主のような白装束姿。握った拳を腰に当ててゆっくりと歩き、静かに向正面に座った。

「ただいまより、土俵祭を行ないます」

アナウンスに続いて、呼出の秀男さんが拍子木を打つ。式次第は以下のとおりだった。

一、祝詞《のりと》奏上（脇行司が祝詞を読み上げる）

二、清祓《きよはら》いの儀（脇行司が榊を振って土俵の四方を御祓いする）
三、祭主祝詞奏上（立行司が祝詞を読み上げる）
四、祭幣（脇行司が東西四本の御幣を土俵の四隅に置く）
五、献酒（脇行司が土俵の四隅にある俵に左、右、中の順に酒を三回かける）
六、方屋《かたや》開口（立行司が『故実』を読み上げる）
七、鎮め物（土俵の中央に掘った穴に洗米、するめ、昆布、塩、榧《かや》の実、かち栗の六品を納める）
八、献酒（立行司が東西南北の徳俵に酒をかける。そして脇行司が、列席する日本相撲協会理事長ら一人ひとりに酒を注ぎ、それぞれ飲み干す）
九、触れ太鼓土俵三周（太鼓を担いだ呼出が、太鼓を叩きながら土俵を三周する）

メインイベントというべきは、三番目の「祭主祝詞奏上」である。「祝詞」とは神に対して唱える言葉。「言語に一種の神秘的な作用をなす霊力があつて、祝福の言詞を宣《のぶ》れば幸福が来り、呪詛の言詞を述ぶれば災禍が来る」（渡邊亨・武田政一共編『最新祝詞作例文範』上巻　明文社　昭和八年）という信仰から生まれた呪文である。祭主である木村さんが祝詞を唱えて神様を土俵にお招きし、場所の十五日間、相撲を見守っていただくのである。

白装束の木村さんが塩をまいて土俵に入る。そして祭壇に向かって二礼二拍手一礼。親方たちのすぐ後ろに座っていた私は、ここぞとばかりに聞き耳を立てた。すると、

「ご起立下さい」
と進行係のアナウンス。親方たちが立ったので、私も立った。そして全員が頭を下げ、私も下げた。これではメモが取れないと思っているうちに木村さんの祝詞が始まり、何を言っているのかさっぱり聞き取れないままに終わってしまった。「祝詞の内容は行司間の秘伝とされ口外しない」（山田知子著『相撲の民俗史』東京書籍　一九九六年）からかと思ったのだが、後日木村さんに確認するとその場でさらりと暗誦してくれた。

かけまくも　かしこき　わがすまひ（相撲）の道の　守り神ともちいづく
戸隠大神　鹿島大神　野見宿禰のみことたちを
おぎ（招く）まつりませ　まつりて　かしこみ　かしこみ　申さく
ちはやぶる　神代の昔より
なか今はさらに申さず　いやとうながに　さかえゆくべき　すまひの道はしも
悟き心に術をつくして　猛き心に力をくらべて　勝ち負けを争い
人の心を勇ましむる　わが国固有の国ぶりなれば……

冒頭の「かけまくも　かしこき」とは神を拝する「起首」。手紙に譬えるなら「拝啓」にあたる決まり文句である。この祝詞を現代語に訳すと次のようになる。

相撲の守り神である戸隠大神、鹿島大神、野見宿禰をお招きして畏まって申します。神代の時代から、今さら神様に申し上げるまでもないことですが、何百年何千年に亘って栄えていく相撲の道は、賢い心で術を尽くし、猛々しい心で力比べをして勝ち負けを争い、人々の心に勇気を与える、わが国固有の国技なので……

不思議なのは「なか今はさらに申さず（今さら申し上げるまでもないことですが）」という一節である。こう言いながら、祝詞はその先延々と相撲について語る。相撲の神様に相撲の解説をするのもヘンではないだろうか。

「普通、神様に向かって言えることじゃないですよね」

木村さんもそう評した。

――これは、どういうことなんでしょうか？

「私たちは神主の修業をしたわけではありません。すべて先輩を目で見て、耳で聞いて覚えたことなんです」

木村さんは恐縮そうに語った。土俵祭は「普通は神主のすることなんですけど」と。祝詞も作法もすべて口伝。記録やマニュアルの類はなく、「先輩の言うことをわけがわからなくても聞いて覚えた」らしい。

──でも、あの、神様をお迎えしているわけですよね？

「そこまで深く考えておりません。とにかく土俵の安全、五穀豊穣。神様をお迎えして、今場所の無事を祈願するだけです」

彼は言い伝えられたままに祈願するだけ。やはり自らは空《から》となり、意味ではなく、言葉に宿る霊力を伝えているのだろう。

その点、六番目の「方屋開口《かたやかいこう》」には霊力が宿っていない。『相撲大事典』（前出）によれば、江戸時代、力士の控所には片方だけひさしが掛けられていた。それが「片屋」「方屋」と呼ばれ、やがて相撲を取る場所全体を意味するようになったそうである。「方屋開口」は、またの名を「方屋開口故実言上」。相撲についての「故実」（昔からのしきたり）を申し上げる、というものだ。白装束姿の木村庄之助さんが、手にした軍配を左右に振り、土俵中央の祭壇まで座ったままの姿勢でにじり寄り、明瞭な声で次のように言上していた。

天地開け、始まりてより陰陽に分かり、清く明らかなるものは陽にして上にあり、これを勝ちと名づく。重くにごれるものは、陰にして下にあり、これを負けと名づく。勝負の道理は天地自然の理にしてこれをなすものは人なり。

清く潔きところに清浄の土を盛り、俵をもって形となすは五穀成就の祭りごとなり。ひとつの兆しありて形となり形なりて前後左右を、東西南北これを方という。その中にて勝負を決する家なれば今はじめて方屋と云い名づくなり。

「勝負の道理は天地自然の理」。天地が陽と陰に分かれたように、人もまた勝ち負けに分かれてしまうのが自然だというのである。場所前にこう言われると、勝ちに対する意気込みが抜けてしまうような気がする。身が引き締まるというより、身を委ねるしか他にないのではないかと思えるのである。

――勝ち負けは〝仕方がない〟という意味なのでしょうか？

「そういう意味にとれば、そういうことになるんでしょうね」

そういう意味にとればそうなる。意味のとり方次第ということで、私はいなされたような気分になった。

「確かに、一生懸命稽古しても運はありますし、勝つことがすべてではないのかもしれません。でも、力士たちも生活がかかっているし、奥さんや子供もいるだろうし……」

――勝負の結果は仕方がないということですね。

「というより、お互いを敬うということだと思います。相撲は礼に始まり礼に終わります。塵《ちり》手水《ちょうず》にしても蹲踞《そんきょ》の姿勢にしても、相手に対する敬意を表したものですから」

陰があるから陽がある。負けがあるから勝ちがある。相撲とは「お互い様」ということなのだろうか。

――この「方屋開口」の文言は、どなたがつくったのですか？

「それがわからないんです」

木村さんが静かに微笑んだ。

――では、いつ頃から土俵祭で言上されているんですか？

「それもわかりません。ずっと昔からだと思います」

――どれくらい昔ですか？

「さあ、おそらく百年も二百年も昔のことでしょう」

わかっているのは、「伝承したのが吉田司家《よしだつかさ》とされている」ということだけだった。

現在、行司の姓は「木村」か「式守」に限られている。もとを辿ると両家とも江戸時代にこの吉田司家の門人となり、免許状を授与されたとされているのである。


吉田司家とは、江戸時代の元禄年間（一六八八〜一七〇四年）に肥後（現在の熊本県）の細川家に仕えた家柄で、「相撲の故実・例式に詳しい家として、年寄、力士、行司に故実門人の格式を与えた家」（前出『相撲大事典』）らしく、昭和二十六年まで行司や横綱に免許状を与えていたのである。

相撲の由緒を知るべく、早速私は吉田司家をたずねようと考えたのだが、現在その所在は不明だった。地元の役場にたずねても「聞いたことがない」。相撲関係者たちも「わかりません」と口を揃える。事業に失敗して姿を消したという噂もあり、どうやら同家について語るのはタブーになっているようだ。

ほとんど唯一の手掛かりといえるのは、吉田司家の後援組織だった相撲司会《すもうつかさかい》が作成した一冊の本、『相撲道と吉田司家』（荒木精之著　相撲司会発行　昭和三十四年　非売品）である。

同書によれば、古事記の時代に行なわれていた相撲は「随分乱暴な、卑怯な、危険なことも行はれていた」という。やがて奈良時代の聖武天皇の治世に、「志賀ノ清林といふ者がゐて、この者が相撲の法をきはめてゐるといふことがわかった」そうだ。そこで朝廷は彼を迎えて「相撲行事官」に任命する。ところがその後、源平の戦乱に巻き込まれて志賀家は断絶し、相撲も行なわれなくなってしまったらしい。相撲を復興しようと考えたのは後鳥羽天皇（在位一一八三～九八年）。その際、「それでは、とこれ（志賀家）に代る人をさがされた結果、志賀氏の伝をうけてこの道の故実旧例に精通してゐる吉田家次といふ者が越前国にゐることがわかった」そうである。そして文治二年（一一八六年）、吉田家次は朝廷から相撲司を命じられ、ここに相撲の家元としての吉田司家が誕生したというわけである。

本当なのだろうか？

同書には「相撲の法」がいつどこでどう伝授されたのかについてはまったく記述されていないし、常に捜したら「ゐることがわかった」というのも都合がよすぎる。さらに怪しいのは、こうした経緯を裏付ける記録を持っているのが吉田司家だけだということである。それゆえ、明治以降の相撲史関係の本を読むと、「吉田家が連《しき》りに武家の鼻息を窺ふの感を以て、武家の故実を捻出した」（古河三樹著『大相撲鑑識大系』第三巻「江戸時代の大相撲」國民體力協會　明治十七年）などと捏造したかのように書かれたり、「横綱や行司の免許権を通して吉田追風の支配も確立していき、相撲界はしばらくその管下におかれた」（和歌森太郎著『相撲今むかし』河出書房新社　昭和三十八年）、あるいは「吉田司家は相撲の故実を伝える家として相撲界に長く君臨」（前出『相撲大事典』）などと、権勢ぶりばかりが批判されていた。中でも最も痛烈だったのは、『大相撲』（読売新聞社　昭和三十五年二月号）に掲載された記事である。

吉田家譜も、先祖書のくだりは、その最もよい作り系図の一例であって、専門家はバカバカしくてまじめに取りあげるはずはない
（大村孝吉「吉田司家の研究」）

彼は吉田司家の文書を「バカげたクセモノ」（同前）とまで言い切っている。志賀ノ清林なる人物が存在した客観的証拠はどこにもないし、年代の前後関係も矛盾している。吉田家次が本当に相撲司に任命されていれば、どこかに証拠が残されるはずなのに、それがまったくないのはおかしいというのだ。確かに信憑性に欠けると私も思ったのだが、驚いたのはこの批判に対する吉田司家の反論（『大相撲』昭和三十五年十一月号）。二十四代目の吉田長善は泰然とした文章で次のように書いていた。

吉田家の代々の当主のうちで伝書類が子孫の読みやすいようにと、わかりやすいその時代の書体で書き写しをやっている。ところがこの複本をつくるに当たって重大な写し違いがあったのではないかと思われるふしがある。……ちょっとした古記録の転記の誤りが、後世の研究家をして迷路に踏みこましめる結果ともなったのである。

（吉田長善「吉田司家の資料公開１」）

年代が前後するのは、書き写し間違いかもしれないという。歴史上の記録は常に真偽が問われるが、「書き写し間違い」には悪意がない。先祖が写し間違えちゃいましたと言われれば、真偽はともかく誰も責めることができないのである。これを援護するかのように相撲司会もこう記していた。

相撲の司といふものをおくやうになったのは淳和天皇の天長三年（八二六年）に始まるといふ。これは吉田司家の伝承である聖武天皇の神亀三年（七二六年）とは百年もちがひがあつて、おかしいが、とにかく文献上ではさうなつてゐる。もつともこれより前、元正天皇の養老三年（七一九年）に抜出司が置かれてゐる。抜出司といふのもまた相撲司のことであらうといはれてゐるが、さうすると吉田司家の伝承よりも古くなり、年号が近くなつてきておもしろい。

（前出『相撲道と吉田司家』）

そもそも文献記録は「おかしい」、あるいは「おもしろい」もの。記録の文言などにとらわれるなと諭しているかのようなのである。

では、吉田司家に受け継がれてきた伝承とはいかなるものなのだろうか。

吉田司家に入門し、初代の式守伊之助となったとされる人物（式守蝸牛）が、寛政五年（一七九三年）に相撲の故実を『相撲隠雲解』という書物にまとめていた。但し書きには、「此書は吾道の秘事たるによりて売買を許さず」。つまり相撲の秘伝書だ。

そこには、土俵の俵の数が二十八個なのは天球の二十八星宿を意味しており、円は「大極」、東西の入り口は「陰陽」を示していると書かれている。さらに「外の角を儒道、内の丸を佛道、中の幣束を神道、これ神儒佛の三つなり」。つまり、土俵の形はすべての「道」に通じているということなのだが、本書をよくよく読むと、これらの故実について次のような解説を加えていた。

力在て法に随ふ時は治世之道具作法古来の如くならん唯一筋に是を守れと云事也

（式守蝸牛著「相撲隠雲解」『隋筆文学選集第九』書齊社　昭和二年　所収）

相撲が力ばかりになると「手前の勝手計《ばかり》を見て論多し」（同前）という乱れた状態になってしまうという。だから力は法に従うべき。法に従っている時、相撲は「古来」のように見えてくると説いているのである。「古来」と聞くと、歴史上の史実と考えがちだが、そうではない。例式を守る、という姿勢が今に「古来」を出現させる。時間は過去から現在に流れているのではなく、現在の行為が過去を生み出すと説いているのである。

神事としての相撲のしきたりについて『相撲史傳』（三木愛花著　曙光社　明治三十四年）にはこう記されている。

式禮《しきれい》の整備と云ふことは要するに複雑と云ふ意に過ぎざれども

式礼を整える、とは複雑にすることなのである。複雑にすることが即ち式礼。そうすればおのずと「幾許《いくばく》の厳粛を示す」ことになると著者は説いていた。つまり、わけがわからなくなると厳粛な様子になるというのである。同書は土俵の由来について、東西の入り口が陰陽、外側の四角い俵が儒道、丸い土俵が仏教、そして真ん中に立てられた御幣が神道で、相撲は「神儒仏の三つなり」という説を紹介し、さらにこう続けていた。

土俵の数は舊記《きゆうき》と相違あり。其天象に法《のつと》ると云ふものにも大同小異ありと雖《いえど》も要するに土俵其ものが後世のものたるを以て故実と称するも一定せる故実あるにあらず。其時々々に依つて多少の異同を生ぜしは論ずるに及ばず。且つ天象に準じて云々するものも後世何人かゞ附會したるの説に過ぎざるべく、始めより斯くの如き高尚なる理を以て土俵を創設したるものなるべしとは信ずべからざるものなりと雖も姑《しばら》く記して此書を読む人も取捨に任せんとす。

くれぐれも土俵を最初から「高尚なる理」に基づいてつくられたものと信じてはならないと戒めている。それらは後からもっともらしく辻褄を合わせようとしているだけなのだからと。

読みながら私が感じ入ったのは、この短い文章の中に二度も出てくる「と雖《いえど》も」という文言だった。故実といえども時代で変わる。神様は天照大神といえども今は戸隠大神。相撲は神事といえども意味は後付け。後付けといえども厳粛さのためには必要。「といえども」ですべてがつながるわけで、私は文章の内容よりこの「といえども」に言霊のようなものを感じたのである。

意味不明、といえども、荘厳。

土俵を見つめながら私はつぶやいた。意味が固定されれば土俵は部分に分解されるが、意味不明なら円い土俵は円いまま目に映り、じっと見ていると何やら吸い込まれていくような感覚に陥るのである。

木村庄之助さんは土俵祭で神を迎え、千秋楽の最後に「神送りの儀式」を行なう。優勝、技能賞など各賞授賞式に続いて、翌場所から番付にのる新弟子たちが土俵に上がり、彼を三回胴上げするのである。木村さんはこの時、両手で御幣を抱えている。相撲を見守るために御幣に宿っていた神様に胴上げの勢いで、元の場所にお帰りいただくというわけで、日本人の胴上げという風習はこの「神送り」が起源になっているらしい。

場所は行司の土俵祭で始まり、行司で締める——と解釈したくなるところだが、実はつい最近まで胴上げされていたのは審判部の親方だった。新弟子の数が年々少なくなる一方で親方の体重は変わらず重いので、ある時、胴上げの途中で親方が土俵に落ちてしまった。「親方はみんな重いから続けるのは無理」と儀式は一時廃止されていたのだが、「伝統は欠かすことができない」という意見もあり、ではどうするかと話し合った末、体重の軽い行司がやればよいという結論に至ったそうである。

誰でもよいからとにかく神を送る。迎えて送ることに意義があるようだが、果たして神はどこへ送られていくのだろうか。

第十三章

神の気配

JR高速バスで東京駅から約二時間三十分。終点の「鹿島神宮」停留所で降り、閑散とした商店街を十分ほど歩くと巨大な鳥居が見えてくる。鳥居の向こうは樹齢数百年、千年を超える杉などの鬱蒼とした森林。鹿島神宮は皇紀元年（紀元前六六〇年）に創建された関東地方で最大にして最古の神社といわれているのである。

相撲の神はここにいらっしゃるのか……。

私は一礼して鳥居をくぐった。鹿島神宮に祀られているのは鹿島大神。相撲の場所に迎えられる神のひとつである。『新鹿島神宮誌』（鹿島神宮社務所編集・発行　一九九五年）によると、「鹿島大神」とは『古事記』や『日本書紀』に登場する「武甕槌大神《たけみかづちのおおかみ》」だという。この神は天照大神の甥にあたり、「出雲国で大国主神と国譲りの話し合い」などして「国中を一つにまとめられた」（同前）そうである。地元のパンフレットには「武の神」と紹介されているが、和合の神様のようでもあり、このあたりの由来をさらに詳しく知るべく、元宮司の東実《とうみのる》氏の著作（『鹿島神宮』学生社　二〇〇〇年）を読んでみると、彼自身「一生研究しつづけたとしても、知りうるところは氷山の一角にしかすぎない」と記していた。なんでも武甕槌神は文献上「建御雷之男神《たけみかづちのおのかみ》」「建布都神《たけふつのかみ》」「豊布都神《とよふつのかみ》」「香嶋天之大神《かしまあめのおおかみ》」など九つの名前があるらしいのだ。彼はこう書いている。

雄大な楼門《ろうもん》を仰ぎ、神厳《しんげん》をきわめた社殿に詣でて帰ってゆく人々は、鹿島神宮の存在に何の不思議も抱いていないのである。不思議なことはない。鹿島神宮がそこにあるからなのである。しかし、よく考えてみれば不思議である。なぜなら、どうして鹿島神宮が鹿島にあるのか、どうして鹿島神宮の祭神が武甕槌神なのか、……わたしたちの知りたい武甕槌神がどういう人で、どういうことをしたのか、なぜ鹿島にまつられたのかといったことを文献の上で探すときには、わずかに、神話の世界からうかがい知るだけである。しかし、現実に鹿島神宮がある。（同前）

鹿島神宮の存在は不思議でないようで不思議。不思議なようだが、現実に鹿島神宮がここに「ある」ので不思議でない。人は「ある」と不思議でなくなるということなのである。

私が訪れたのは十一月三日。毎年この日に鹿島神宮では「相撲祭」が行なわれることになっていた。鹿島神宮の氏子である近隣十三地区の童男（七歳以下の男子）たちが境内で相撲を取る。平安時代から綿々と続く行事で、相撲の原点もきっとここに「ある」と私は考えることにしたのである。

本殿の前にはゴザが敷かれ、その上に円形の土俵が置かれていた。四方には「齋竹《いみたけ》」が立てられ、注連縄《しめなわ》が張られている。土俵の周囲には検査役が座り、その外側に父兄や地区長らがずらりと鎮座している。国技館と同じように、ここは聖なる場所なのである。

午前九時三十分。本殿前に続々と子供たちがやってくる。皆、七五三のお参りに出かけるようなブレザー姿に相撲の化粧廻しを締めている。自分の名前に「山」や「海」などを付けた四股名の刺繡入りだ。

まず呼出が土俵に入り、拍子木を打った。

静まり返る境内。続いて裃《かみしも》姿の行司が土俵上で祭の由来を記した巻物（『相撲古事記《すもうふることぶみ》』）を読み上げた。行司、呼出、検査役を務めるのは十三地区のひとつ、仲町区のおじさんたち。毎年持ち回りでひとつの地区が相撲祭を仕切ることになっているのである。

「ひが〜し〜天の佑〜に〜し〜宝山〜」

団扇を持った呼出が、東西の力士を呼び上げた。最初に土俵に入ったのは化粧廻しを身につけた〇歳の赤ん坊。佑太君が「天の佑」で、連汰君が二代目の「宝山」。世話役が抱きかかえて入場するのである。

「はっけよい、のこった」

行司の一声で、双方は土俵中央で赤ん坊を揺らし合う。「のこったのこった」と言いながら行司がきょとんとした赤ん坊の頬をつんつんと突ついたりする。「きゃーかわいいー」「がんばれ！」などの歓声が上がる。

「はい、それまで。ただいまの勝負、引き分けー」

取組はすべて引き分けなのである。出番を待つ子供たちもそのことを承知しており、土俵のまわりで「オレめっちゃ力出すからな」「押したらダメなんだよ」「ぜんぶ引き分けなんだよ」「それ、やらせじゃん」などとじゃれ合っている。

二歳児からはブレザー姿に化粧廻しのまま土俵に入る。そして付き添いの大人が後ろについて廻しを握る。転んだり倒れたりしないようにするためだ。行司の「はっけよい、のこった」の声で子供たちはニコニコしながら相手の手をつかみ力を込める。

子供たちが言うように一種の「やらせ」なのだが、意外なことに取組は白熱した。相手を押し出したり倒すわけでもないのに、彼らは懸命なのである。懸命な力競べというべきか。結果は引き分けとわかっていても、力を込めることはできる。むしろ引き分けだから思い切り力競べをしている様子なのだ。

「力いっぱいやったのかい？」

顔を真っ赤にして取り組んだ豆力士に、おばあちゃんが声をかけた。すると彼は首を振ってこう言った。

「いや弱気でやった」

「なんで？」

「だって相手が弱いんだもん」

彼は真剣に「力加減」を探っていたのである。相手が強ければ強く、弱ければ弱く。これは大相撲にも通じる境地だろう。よく「全力で当たれ」などと言われるが、あの巨体で本当に正面から全力で当たり合えば確実にケガをする。大切なのは、相手との拮抗の中での「全力」なのである。

引き分けという判定に、検査役から「物言い」がつくこともある。検査役が土俵中央に集まって協議し、代表がマイクを握ってこんなことを言う。

「ただいまの勝負、鹿島大神から、もう一番楽しく取ってという御告げがありました。よって取り直しとさせていただきます」

場内大爆笑。子供が勝手に転んでしまうこともあるが、そういう場合も「物言い」がつき「取り直し」して引き分けにするのである。

大相撲の懸賞金のように取組の途中には、寄付金の発表がある。行司が「金一封　〇〇美容室から仲町区に下さる〜」などと半紙を一枚一枚読み上げるのである。これもまた大相撲の歴史に通じている。明治四十二年（一九〇九年）に国技館が建設されるまで、大相撲は国技館近くの回向院や富岡八幡宮（江東区）などの寺社で行なわれていた。これは相撲興行をめぐって金銭トラブルが絶えなかったので、江戸幕府が収益を神社・寺院に寄付させることで健全化を図ったのである。「相撲は神事」というより、相撲興行を神事にして金銭を浄財化させたのだ。

取組がすべて終了すると、呼出が拍子木を打った。そして十三の区長たちが土俵中央に集まり、来年の相撲祭について協議した。といっても一瞬のことで「次回は〇〇区ということでよろしいでしょうか?」とひとりが言い、全員で
「異議なーーし」

と唱和するのであった。氏子たちは相撲でひとつにまとまる。相撲は争いではなく、争い事を未然に防ぐ「神人和楽《しんじんわらく》」という祭事なのである。

——なぜ、相撲を取るのでしょうか?

鹿島神宮権禰宜《ごんねぎ》の中嶋勇人《はやと》さんにたずねてみた。

「神様に見せる、奉納するということなんです」

——奉納ですか……。

私はこの「奉納」の意味が今ひとつ理解できなかった。お供え物ならまだしも「相撲を奉納する」とはどういうことなのだろうか。

「『神にぎわい』とも言います。神様に見てもらって楽しんでいただくんです」

能や神楽と同じように、相撲は神様をよろこばすためのものなのだという。

——なぜ勝ち負けがないんでしょうか?

「あくまで想像ですが、勝ち負けをつけるというのは、お宮の行事としては縁起が悪いからでし

ょう。何しろ子供ですしね。負けることを避けるために、すべてを引き分けにしているんだと思います。又、勝ち負けということでなく、和やかに親しみをもって楽しく過ごすことで子供の豊かな成長を神様にお見せし、健やかな成長を願う意味も込められているようです」

――それを見て神様はよろこぶということですね。

「そういうことになります」

――神様はどこにいらっしゃるのでしょうか？

唐突に私はたずねた。「見る」のだから、どこかに居るはず。そしてその神が国技館を見守りにやってくることになっているのである。

「もちろん御本殿にいらっしゃって、この神域の秘められた所から和やかにご覧になられていると思われます」

――やはり社殿の中に……。

「そう特定はしきれないんですね」

――移動するということでしょうか？

「社殿の中にも天上世界にも共存しているというのでしょうか……」

――どこにでもいらっしゃるということでしょうか？

「うーーん」

――……。

「私たち神職は祭事には必ず祝詞を読み上げ、神様にその行事の内容を申し上げます。そのなかで神と人の行交いがあるのだと考えているんです」

彼らは神がいるから祝詞を読み上げるのではない。祝詞を読み上げることで、そこに「神と人の行交い」を現出させる。神がいるから神事を行なうのではなく、神事を行うから神の事になるのである。「相撲は神事」という言い方も、正確には相撲を神の事にしてまるくおさめる、ということで円い土俵はきっとその象徴なのだろう。

相撲が終わると、神宮はさっと静寂に戻った。

あらためて考えるに、ここも神がいるから神宮なのではなく、「神宮」だから神の宮。「国技館」だから「国技」と同じように、建物の名前がそれらしい本体を生み出すのかもしれない。ちなみに日本語学者、阪倉篤義の研究によると、そもそも「カミ」の語源は「クマ」だという。「クマ（KUMA）」が母音交替によって「カミ（KAMI）」に変化したらしい。「クマ」とは「隠れたる情態」（『講座日本語の語彙』第一巻　佐藤喜代治編　明治書院　昭和五十七年）を意味しており、地名でも「熊野」や「球磨郡」「久万」など「クマ」の付く所は決まって「奥深く隠れた場所」で、今日でも「クマなく探す」という言い方が残っている。

つまり、神とは「隠れている」ということ。神が隠れているのではなく、隠れていることが神。「神」という名前を使う限り、私たちは見ることも知ることも事前に封じられているのである。

終章

すまう人々

相撲とは……、
と考えても仕方がないのではないか、とやがて私は思った。

格闘技なのか、それとも神事なのかなどと考えてみても、それぞれの枠組みが呑み込まれてしまうようで、かえってわからなくなる。下手な技をかけると足元がすくわれるようで、やはり相撲は相撲として直《じか》に向き合わなくてはいけない。

すもう、すもう、すもう……。

私は繰り返しつぶやいた。万策尽きてつぶやくしかなかったのだが、「すもう」とつぶやきながら、はたと気がついた。

「すもう」は、かつて「すまう（ふ）」と呼ばれていた。「すまう」は「争う」、つまり争いを意味していたとされるのだが、「すまう」は「住まう」とも用いられていた。「住まう」とは「ずっ

と住んでいる。つづけて住む」（『古語辞典』旺文社　昭和三十五年）の意。もしかすると相撲は、もともと「住まう」だったのではないだろうか。

考えてみれば、住まうことの基本は「場所」を確保することである。そして食べる、寝る、掃除する。四股を踏んで地固めをし、外敵が来たら、いなす。つまり、相撲とは住まうことを純化したものではないか。「おすもうさん」とは「お住まうさん」だったのではないだろうか。

早朝七時、国技館内は橙色の電灯に薄暗く照らされていた。

「土俵築（土俵づくりのこと）」が行なわれると聞いて私はやってきたのだが、なぜか土俵はすでに国技館の中央にあった。

巨大な四角い土の固まり。横から見ると台形で、土手のような印象である。地方場所の場合は毎回土台から新たに築かれるが、国技館の場合は場所が終わるとそのままの形で残され、次の場所が始まる前に、表面の土を鍬で深さ二十センチまで掘り起こし、その土に水を含ませてまた元に戻す。すでに土俵はあるのに、わざわざ壊して築き直すのである。藁などが混じった土は捨てて、その分新たな土を入れる。そして土を盛ったら、「たこ」と呼ばれる把手のついた臼のような道具をふたりで持ち上げては落として土を固め、さらに棒の先に重い角材をつけた「たたき」で叩く。さながら「住まい」の新築現場のようなのである。

作業にあたっているのは「呼出」たちだった。おのおの作業着姿で土俵に上がり、畑仕事のように鍬を振っている。彼らは取組の間ずっと土俵を掃いているが、そもそも土俵は彼らの手でつくられているのである。

——この土はどういう土なんですか？

呼出のひとりにたずねた。

「荒木田です」

——それはどういう土ですか？

「荒川の土手でとれる土で、昔から壁土として使われていたんです。でも今はとれませんから」

そう答えると、彼は「あっ」とつぶやいて土俵の反対側へ走っていった。掘り起こした土の状態をチェックしているらしい。私は追いかけて問うた。

——では、どこから持ってくるんですか？

「わかりません」

業者に訊かないとわからないという。私は業者を探そうとしたのだが、早朝の国技館には呼出しか見当たらないので、あきらめた。ちなみに仕上げに土俵に入れる砂がどういう砂なのかを相撲協会に確認した時も、「砂は砂です」という答えが返ってきた。

——この作業はどれくらい時間がかかるんですか？

私が質問を変えると彼が即答した。

「三日かかります」

作業工程は以下のとおり。

一日目＝土を入れ替えて成形する
二日目＝土俵に新しい俵（円の部分など）を埋め込む
三日目＝上がり段をつくって仕上げ

――三日もかかるんですか。

呼出は総勢四十一人もいるので急げば半日でできる作業に思えるのだが、皆どこかのんびりした様子である。毎回やっているはずなのに、鍬を担ぎながら「これどうする？」「あれどうする？」と逐一相談しているし、土俵の下で俵を編んでいる人たちも「これで二日でできるの？」「普段より時間かかってない？」などと雑談している。私が質問しようと話しかけた瞬間だけ忙しくなるようで、どうやら作業は「三日かかる」というより「三日かける」ようなのである。

「機械で早くやればいいと思われるかもしれませんが、やはり手作業でやらないと、きれいに固められないんです」

控室の座敷でテレビを見ていた秀男さん（当時五十六歳）が解説してくれた。呼出の人々には姓がない。「秀男」「次郎」「拓郎」「太助」など下の名前だけしかないのである。

――ところで、「秀男」というのは本名なんですか？

「違います。本名は秀人《ひでひと》です」

——ではなぜ、秀男さんなんですか？

「何か用事を言いつける時、『ひでひと』だと呼びにくいからです。『ひでお』なら呼びやすいでしょ。それで兄弟子からそう付けられたんです」

実際、発声してみると確かに呼びやすい。「旭《あきら》」「和也《かずや》」「次郎《じろう》」「拓郎《たくろう》」「太助《たすけ》」など、呼出の名前は一息で呼べる。どうやら呼出とは、力士を呼び出すとともに、呼び出される存在でもあるらしい。

彼らも力士や行司と同じようにそれぞれ相撲部屋に所属し、番付まである。下から紹介すると、「序ノ口呼出」「序二段呼出」「三段目呼出」「幕下呼出」「十枚目呼出」「幕内呼出」「三役呼出」「副立呼出」「立呼出」。実は呼出になる人のほとんどが「部屋に呼出の空きがあるから」という理由で呼出になるそうである。呼出の定員は四十五名。呼出志望者（義務教育を修了した満十九歳までの男子）は空きが出た部屋へ入門することになるわけだが、現在四名の空きがあるにもかかわらず志望者がいないらしい。秀男さんは副立呼出。力士でいえば横綱にあたる立呼出が空位のため、彼が呼出の最高位なのである。

「でも、上から下までやってることは同じですから」

秀男さんがその仕事内容を解説してくれた。呼出の基本は呼び出すこと。土俵上で扇子を開き、「ひが〜し〜〇〇、に〜し〜〇〇」と力士の四股名を呼び上げる。そして太鼓を叩いて（場所の前日、各相撲部屋を回って叩く『触れ太鼓』、場所中櫓《やぐら》に上って毎朝叩く『寄せ太鼓』、全取組終了後に叩く『跳ね太鼓』)、客を呼び出すのである。彼らは動きやすいように着物に裁着袴《たつつけばかま》を穿いている。着物は一種の広告媒体で、「なとり」「紀文」「救心」などのスポンサー名が大きく入っている。場所前に十五日分の着用ローテーションが決められ、それに従って毎日着替えるらしい。

呼び出す合間を縫うように彼らは土俵を清める。土俵を掃く箒には竹箒と座敷箒の二種類があり、あらかじめ土俵下に立て掛けておく。土俵は一時間おきにジョウロで水をまき、竹箒で砂と水をかきまぜて湿り気を維持するのである。一方の座敷箒は、土俵の表面を平らに掃きならすために使う。土俵の円の外側には力士の踏み越しの跡を確認するために「蛇の目」と呼ばれる砂がまかれており、ここを座敷箒を使って完璧な平らにしなければならないのだ。

「足跡がつくのは、大抵一カ所。それがきちんとわかるようにしなければいけない。砂が波打っていてはいけないんです。だから、みんなじっくり掃くんです」

――じっくり掃く?

「そうです。でもそうやっても、仕切り一回でまたやり直し。いつも時間に追われるくらいなんです」

力士が仕切り直しをするたびにまた掃きならす。仕切り直しは掃き直しなのだ。

彼らは必ず右手で箒を持つことになっている。右から左へ向かって箒を動かすことになるので、しばらく掃いていると土俵の縁《へり》に砂が溜まり、そこに傾斜ができてしまう。そこで傾斜の砂を掃き出して平らに整える。しかしそうすると出た砂が新たに波をつくるので、それをまた平らに掃きならす。ある意味、キリのない作業。どこかであきらめなくてはいけないのである。

「箒も扇子も右手です。力士を呼び上げる時も、奇数日には東方の力士から、偶数日は西方の力士からです」

秀男さんが呼出の決め事を列挙した。「なぜ…」と私が言いかけると、彼は「なぜか？　って訊かないでくださいね」と質問を制した。

――なぜ、『なぜか？』と訊いてはいけないんですか？

「答えられないからです。考えられる理由がないんです」

――理由がないんですか……。

「あんまり意味はないような気はしますけどね」

意味がないから決め事にしたのかもしれない。何事も決め事にしてしまえば、従うこと自体に意味が生まれるのだ。

――呼出の皆さんは場所以外の時は、何をしているんですか？

「それぞれ自分の相撲部屋で寝泊まりしています。稽古の間は特に用事はありません」

――ないんですか？

「親方にお茶をいれるくらいです。それで稽古が終わったら土俵を掃いて整備します。午後になったら太鼓の練習をしたりします」

――お忙しいですか？

「いや、暇がありすぎて困った、という感じですね」

秀男さんがさらりと語った。しかし日本相撲協会の『寄附行為施行細則』によると、土俵築や呼び出し以外に呼出は「その他上司の指示に従い服務する」と記されている。

――これはどんな内容なんですか？

私がたずねると、秀男さんは「知らない」と首を振った。

――知らないんですか？

「笑っちゃうでしょ、知らないなんて」

秀男さんが笑い、私も笑った。そして笑いながら、「土俵づくりもあまり効率的でないような気がしますが…」と言うと、彼がきっぱり明言した。

「合理的でないことはいっぱいありますよ」

――そ、そうですよね。

「でもね、それを言い始めたら、呼出も何も要らないっていうことになっちゃうでしょ」

――それは、そうですね。

私は妙に納得した。合理性を追求すると、相撲全体が「無」に帰してしまう。しかし土俵があることで、「無」は「有」となり、彼らにも仕事が与えられる。彼らが土俵をつくるというより、土俵が彼らに仕事をつくり出しているのである。

呼出は土俵を清める。彼らが土俵を清め、力士が荒らし、また清める。清めたままでは「清める」行為ができず、いったん荒らすことで清めることができる。力士たちも清めるために土俵を荒らしているようなもので、みんなで清めるために清めているのである。「住まう」も同じかもしれない。生きているとおのずと住まうことになり、私たちは住まうために住まう。すまうはすもう。すもうはすもうなのである。

完成した土俵の中央には御幣がポツンと立てられた。人々の痕跡を消し去って、円い土俵はただ静かに佇んでいる。何かをじっと待っているようで、私は思わずにじり寄った。

これは住まいの象徴だったのか。住まいがあれば安心で、だから眠くなるのか……。などと考えながらしばらく眺めていると、円い土俵はぐんぐんとひろがり、やがて深い穴のように見えてきたのであった。

あとがき

本書は、草思社のウェブマガジン『Ｗｅｂ草思』に平成十七年六月〜平成十九年十二月にわたって連載した「おすもうさん」を加筆、再構成したものです。登場する人物の肩書、番付、名称、データ等はすべて取材当時のものですので、なにとぞご了承ください。

読んでいただければわかると思いますが、本書は相撲観戦記でもなければ、相撲界の裏側を暴露するルポでもありません。私の場合は、相撲が好きなのにずっと観戦していると眠くなる、よくよく考えるとマスコミで騒がれている裏側より表側で行なわれていることのほうが奇妙だと気づき、本書ではその謎の解明を試みました。早い話、相撲とはそもそも何なのか？　と問いを立て、その答えを探ろうとしたのです。ところが実際、探り始めると、そもそも「国技とは何か？」、そもそも「伝統とは何か？」「神事とは何か？」「神とは何か？」と疑問は次々とひろがり、終いにはそもそも「何かとは何か？」ということまで考え込んでしまいました。こうなると言葉の闇に紛れ込んだようなもので、答えが見つかるどころか問いまで見えなくなってしまい、結局、裸になって廻しを締めてみるしかありませんでした。しかし廻しを締めたところで相撲がわかるわけでもなく、ひたすら土俵を眺めながら同じようなことを繰り返し考えているうちに気がつくと五年の歳月が流れていました。その結果は読んでのとおりで、内容についてここで付け加えることは何ひとつ思い浮かびません。

取材にご協力いただいた相撲界の皆様には本当に感謝しております。ありがとうございました。このところ不祥事ばかりが取沙汰されておりますが、どうか縮こまらず、いつものように体を開いていいなしてください。

本書は企画から連載、そして本にまとめるまで草思社の藤田博さんが担当してくれました。度重なる私の「待った」にも倦む素ぶりも見せず、何度も仕切り直しに応じてくださいました。藤田さんの粘りとアドバイスがなければ本書もこの世にありません。そして、相撲嫌いにもかかわらず妻の栄美が原稿を逐一チェックしてくれました。さらには彼女のふだんの動きを眺める中で、食べる、寝る、掃除する、という生活の三大要素にあらためて気づかされました。いうなれば、このふたりも「おすもうさん」。すべてはおすもうさんのおかげです。この場をお借りして重ねて御礼申し上げます。

著者

参考文献

『古事記』新編日本古典文学全集　小学館　平成九年
『日本書紀』新編日本古典文学全集　小学館　平成八年
『相撲大事典』財団法人日本相撲協会監修　金指基著　現代書館　平成十四年
『決定版！　大相撲観戦道場』ベースボール・マガジン社　平成十二年
『大相撲の事典』新装版　澤田一矢編　東京堂出版　平成十二年
『独白―ストロング・スピリット』花田勝著　文藝春秋　平成十二年
『相撲の歴史』竹内誠著　財団法人日本相撲協会発行　平成五年
『相撲の歴史』新田一郎著　山川出版社　平成六年
『野見宿禰と大和出雲』池田雅雄著　彩流社　平成十八年
『江戸時代の大相撲』古河三樹著（『大相撲鑑識大系』第三巻　國民體力協會　昭和十七年）
『日本相撲史』横山健堂著　冨山房　昭和十八年
『相撲道の復活と國策』藤生安太郎著　大日本清風會創立事務所　昭和十三年
『相撲道綜鑑』彦山光三著（『大相撲鑑識大系』第一巻國民體力協會　昭和十五年）
『相撲講本』枡岡智・花坂吉兵衛共著　相撲講本刊行會　昭和十年

『相撲、国技となる』風見明著　大修館書店　平成十四年
『はなしの土俵』小島貞二編　ベースボール・マガジン社　平成七年
『お相撲さん物語』小泉葵南著　泰山房　大正七年
『大相撲の経済学』中島隆信著　東洋経済新報社　平成十五年
『武家事紀』素行子山鹿高興著　山鹿素行先生全集刊行會　大正四〜七年
『本居宣長集』本居宣長著　新潮日本古典集成　新潮社　昭和五十八年
『非常時教本』内田康哉・荒木貞夫著　趣味の教育普及會　昭和八年
『有職故実』上下巻　石村貞吉著　講談社　昭和六十二年
『相撲と武士道』北川博愛著　浅草國技館発行　明治四十四年
『健民への道』大谷武一著　育英出版　昭和十九年
『生産基力と相撲道』彦山光三著　文藝日本社　昭和十六年
『相撲道の復活と國策』藤生安太郎著　大日本清風會　昭和十四年
『戦う文化部隊』町田敬三著　原書房　昭和四十二年
『大東亜建設審議会と南方軍政下の教育』石井均著　西日本法規出版　平成七年
『特攻最後の証言』「特攻最後の証言」制作委員会　アスペクト　平成十八年
『戦史叢書　海軍捷号作戦〈2〉』防衛庁防衛研修所戦史室編　朝雲新聞社　昭和四十七年
『天皇と神道』ウィリアム・P・ウッダード著　阿部美哉訳　サイマル出版会　昭和六十三年

『風船爆弾　純国産兵器「ふ号」の記録』吉野興一著　朝日新聞社　平成十二年
『相撲略傳』池田良吉編　共力社（印刷）　昭和七年　非売品
『生産基力と相撲道』彦山光三著　文藝日本社　昭和十六年
『古代研究Ⅲ　国文学の発生』折口信夫著　中央公論新社　平成十五年
『日本藝能史六講』折口信夫著　講談社学術文庫　平成三年
『行司と呼出し』木村庄之助・前原太郎共著　ベースボール・マガジン社　昭和三十二年
『大相撲と歩んだ行司人生51年』木村庄之助・根間弘海共著　英宝社　平成十八年
『最新祝詞作例文範』渡邊亨・武田政一共編　明文社　昭和八年
『相撲の民俗史』山田知子著　東京書籍　平成八年
『相撲道と吉田司家』荒木精之著　相撲司会発行　昭和三十四年　非売品
『相撲今むかし』和歌森太郎著　河出書房新社　昭和三十八年
『相撲隠雲解』式守蝸牛著（『隋筆文学選集第九』書齊社　昭和二年）
『相撲史傳』三木愛花著　曙光社　明治三十四年
『新鹿島神宮誌』鹿島神宮社務所編集・発行　平成七年
『鹿島神宮』（改訂新版）東実著　学生社　平成十二年
『講座日本語の語彙』佐藤喜代治編　第一巻　明治書院　昭和五十七年
『古語辞典』旺文社　昭和三十五年

『日本国語大辞典』小学館　昭和四十九年
日本相撲協会横綱審議委員会規則
財団法人日本相撲協会寄附行為施行細則
「大角力常設館完成――初興行御披露」
「相撲錬成歌」

新聞

東京日日新聞（明治四十二年六月二日／六月六日／明治四十三年六月十八日／六月二十一日／明治四十三年六月二十六日）
東京朝日新聞（明治四十二年六月四日／六月六日／六月七日／六月九日／六月十二日／六月十五日）
朝日新聞（昭和十九年十月二十九日／十一月四日）
毎日新聞（昭和十九年十一月十二日）
新岩手日報（昭和十九年十一月十一日）
島根新聞（昭和十九年十一月五日）
朝日新聞（平成十九年十二月一日）

雑誌

『相撲』大日本相撲協会（昭和十一年五月号／昭和十三年一月号／二月号／五月号／六月号／九月号／昭和十四年六月号／七月号／十一月号／昭和十五年一月号／五月号／六月号／十月号／昭和十六年十二月号／昭和十七年一月号／三月号／四月号／昭和十八年一月号／三月十五日号／十二月号／昭和十九年八月号／十一月号／昭和二十年一月号／昭和二十一年一月／二・三月合併号）
『相撲と野球』博文館（昭和十八年三月十五日号／四月一日号／四月十五日号）
『大相撲』読売新聞社（昭和三十五年二月号／十一月号）
「サンデー毎日」毎日新聞社（昭和十七年一月十八日号／三月二十九日号）
「アサヒグラフ」朝日新聞社（昭和二十年十二月・大相撲秋場所特別号）
「週刊現代」講談社（平成十九年八月十八日／二十五日合併号）
「週刊朝日」朝日新聞社（平成十九年八月二十四日号）

著者略歴―――

高橋秀実 たかはし・ひでみね

1961年、横浜市生まれ。東京外国語大学モンゴル語学科卒業。ノンフィクション作家。著作に、『TOKYO外国人裁判』（平凡社）、『ゴングまであと30秒』（草思社／『平成兵法心持。』と改題して中公文庫）、『にせニッポン人探訪記』（草思社）、『素晴らしきラジオ体操』（小学館／小学館文庫）、『からくり民主主義』（草思社／新潮文庫）、『トラウマの国』（新潮社／『トラウマの国ニッポン』と改題して新潮文庫）、『センチメンタルダイエット』（アスペクト／『やせれば美人』と改題して新潮文庫）、『はい、泳げません』（新潮社／新潮文庫）、『趣味は何ですか？』（角川書店）など。フリーペーパー『R25』（リクルート）で「結論はまた来週」を好評連載。他、新聞、雑誌等に多数執筆。

イラスト＝横田美砂緒

おすもうさん

2010年9月1日　第1刷発行

著　者　高橋秀実
装丁者　Malpu Design（清水良洋＋佐野佳子）
発行者　藤田　博
発行所　株式会社草思社
〒170-0002　豊島区巣鴨4-7-5
電話　営業 03（3576）1002　編集 03（3576）1005
振替　00170-9-23552

印　刷　株式会社三陽社
カバー　日経印刷株式会社
製　本　加藤製本株式会社

ISBN978-4-7942-1774-5 Printed in Japan　検印省略

http://www.soshisha.com/